Finzen/Haug/Beck/Lüthy

Hilfe wider Willen

Asmus Finzen / Hans-Joachim Haug
Adrienne Beck / Daniela Lüthy

Hilfe wider Willen

Zwangsmedikation im psychiatrischen Alltag

Psychiatrie-Verlag

Die Deutsche Bibliothek - CIP-Einheitsaufnahme

Hilfe wider Willen : Zwangsmedikation im psychiatrischen Alltag / Asmus Finzen ... - Bonn : Psychiatrie-Verl., 1993
ISBN 3-88414-145-7
NE: Finzen, Asmus

Umschlag: markus lau hintzenstern, Berlin
Satz und Belichtung: Art Typo, Köln
Druck: Clausen & Bosse, Leck

Inhaltsverzeichnis

Asmus Finzen, Prof. Dr. med., Jahrgang 1940,
ist Leiter der Sozialpsychiatrischen Abteilung
der Universitätsklinik in Basel.

Hans-Joachim Haug, Dr. med., Jahrgang 1953,
Facharzt für Neurologie und Psychiatrie/
Psychotherapie. Seit 1990 Oberarzt an der
Psychiatrischen Universitätsklinik in Basel.

Adrienne Beck, Dr. med., Jahrgang 1962, während der
Ausbildung zur Fachärztin für Psychiatrie/Psychotherapie
zwei Jahre an der Baseler Universitätsklinik tätig;
z.Z. als Assistenzärztin an der medizinischen Universitäts-
Poliklinik des Kantonsspitals Basel.

Daniela Lüthy, Dr. med., Jahrgang 1962,
arbeitet seit 1990 als Assistenzärztin, u.a. in der
Psychiatrischen Universitätsklinik in Basel.

Autorinnen und Autoren sind zu erreichen über die Psychiatrische
Universitätsklinik, Wilhelm-Klein-Straße 27, CH - 4025 Basel.

Vorwort

»Zwangsmaßnahmen sind für die stationäre psychiatrische Behandlung zwar nicht charakteristisch. Aber sie sind für die Betroffenen – die ›Opfer‹ wie die ›Täter‹ – so belastend, daß sie immer wieder eine vertiefte Auseinandersetzung über Sinn und Widersinn nötig machen.« Daniel HELL rührt mit diesen Sätzen an einen Nerv der klinischen Psychiatrie. Immer wieder gerät sie in das Dilemma zwischen Hilfe und Gewalt. Neben der Unterbringung auf geschlossenen Abteilungen ist die Verabreichung von Psychopharmaka gegen den erklärten Willen der Kranken zum Angelpunkt unendlicher Auseinandersetzungen über die Legitimität psychiatrischen Handelns geworden. Der »Spiegel«-Titel über den »sanften Mord« (1980) – begangen an psychisch Kranken durch ihre Psychiater, heimtückisch und aus niedrigen Beweggründen – bleibt unvergessen.

Ungeachtet ihrer Heftigkeit verharrt die öffentliche Kontroverse meist an der Oberfläche. Die medienübliche Verallgemeinerung einer Pflichtenkollision, die der individuellen Abwägung bedarf, hat sich als wenig hilfreich erwiesen. Das mag auch daran liegen, daß unser Wissen über Umstände, Art und Häufigkeit von Zwangsmaßnahmen in der Psychiatrie im umgekehrten Verhältnis zur Unversöhnlichkeit der Auseinandersetzung darüber steht. Wir wollen mit unserer Studie dazu beitragen, den notwendigen Diskurs über die Zwangsmedikation in der Psychiatrie auf eine sachliche Grundlage zu stellen. Wir haben in unserem Arbeitsfeld, der Basler Psychiatrischen Universitätsklinik, untersucht, wie häufig solche Zwangsmaßnahmen sind und welche Patienten unter welchen Bedingungen davon betroffen sind; und wir haben Kranke und Therapeuten gefragt, wie sie dazu stehen.

Wir haben uns dem Problem in vier Schritten genähert:

- Wir haben die anwesenden Patienten über ihre Erfahrungen mit Psychopharmakaverabreichung gegen ihren Willen befragt, also eine Querschnittserhebung durchgeführt *(Kapitel 4 und 5)*.
- Wir haben Patientinnen und Patienten bei der Entlassung befragt *(Kapitel 6)*.
- Wir haben in einem Zeitraum von acht Monaten prospektiv alle in der Klinik vorgenommenen Zwangsverabreichungen von Psychopharmaka analysiert *(Kapitel 7)*.
- Wir haben schließlich die Hälfte der Kranken aus dem prospektiven Studienanteil sowie jeweils mindestens einen beteiligten Therapeuten dazu interviewt *(Kapitel 8)*.

Unsere Ergebnisse mögen in mancher Hinsicht vorläufig sein. Sie mögen auch nur begrenzt auf andere Kliniken übertragbar sein. Wir sind jedoch überzeugt, daß sie eine Handhabe bieten, uns der Unglückssituation der Zwangsmedikation konstruktiver zu stellen, als das bisher möglich war. Andererseits haben wir im wesentlichen epidemiologische Daten erhoben und Meinungen erfragt. Die Analyse der Dynamik solcher Grenzsituationen, die dann in Zwangsmaßnahmen endeten, war mit unserem Ansatz ebensowenig möglich wie die Erfassung jener Konstellationen, in denen die Verweigerung der Behandlung akzeptiert wurde. Weitere Untersuchungen sind notwendig, um die Zwangsmedikation, wo immer möglich, zu vermeiden.

Daß dies ein Gebot einer menschlicheren Psychiatrie ist, machen unsere Ergebnisse unmißverständlich klar. Zwar haben wir in der prospektiven Untersuchung auf 1000 Behandlungstage in der Klinik nur 1,2 medikamentöse Zwangsbehandlungen erfaßt, also eine auf zwei Jahre und vier Monate Klinikaufenthalt. Zwar sind bezogen auf die jährlichen Behandlungsepisoden nur 3,7% aller Kranken betroffen. Aber die Risiken der Zwangsbehandlung sind ungleich verteilt: Schizophrene und manisch Kranke sind besonders häufig betroffen. In der prospektiven Untersuchung waren es 16% der schizophrenen und 20% der manisch Kranken. In der retrospektiven Befragung gaben die Hälfte der schizophrenen Kranken an, daß sie im Lauf ihrer Erkrankung mindestens einmal zwangsbehandelt worden waren. Für alle war diese Erfahrung traumatisch. Nur eine Minderheit sah sie in der Rückschau als hilfreich und notwendig an.

Wir nehmen an, daß das brisante Thema unserer Untersuchung nicht nur Leserinnen und Leser anziehen wird, für die das Studium wissenschaftlicher Literatur zum Alltag gehört. Wir haben uns bei der Darstellung bemüht, dem Rechnung zu tragen und die einzelnen Kapitel so gefaßt, daß jedes für sich verständlich ist. Gelegentliche Wiederholungen haben wir dafür in Kauf genommen.

Fachbegriffe, die medizinischen Laien unvertraut sind, waren dennoch nicht immer vermeidbar. Dafür bitten wir um Nachsicht. Das gleiche gilt für die statistischen Berechnungen in den Kapiteln 4 bis 7.

Unser Dank gilt in erster Linie den Patientinnen und Patienten der Psychiatrischen Universitätsklinik Basel, die bereit waren, an unserer Studie mitzuwirken, die bereit waren, sich bei der Befragung über ihre Erfahrungen bei der Medikamentenbehandlung gegen ihren Willen den bedrückenden Erinnerungen noch einmal zu stellen. Unser Dank gilt auch den Mitarbeiterinnen und Mitarbeitern der Klinik, insbesondere den Schwestern und Pflegern, die unsere Untersuchung vertrauensvoll begleitet und unterstützt haben, die sich uns zum Teil als Interviewpartner zur Verfügung gestellt haben.

Asmus Finzen
Hans-Joachim Haug

Basel, im Februar 1993

1 Psychiatrie zwischen Hilfe und Gewalt

Die Psychiatrie ist eine Institution zwischen Hilfe und Gewalt. Psychisch Kranke sind in rechtsstaatlichen Demokratien die einzigen Menschen, denen die Freiheit entzogen werden darf, ohne daß sie eine Straftat begangen haben. Psychiatrische Patientinnen und Patienten sind die einzigen Kranken, die unter Umständen eine medizinische Behandlung erdulden müssen, obwohl sie dies nicht wollen. Das gilt nur unter Einschränkungen und betrifft nur eine Minderheit der psychisch Kranken. Diesen bietet die Psychiatrie nicht nur Hilfe an. Gelegentlich vertritt sie ihnen gegenüber zugleich die Staatsgewalt.

Diese Tatsache prägt das Bild der Öffentlichkeit von der Psychiatrie, von psychisch Kranken und von jenen Menschen, die mit psychisch Kranken arbeiten. Dieses Bild ist verzerrt. Es wird den Nöten der Kranken und dem Bemühen ihrer Therapeuten nicht gerecht. Sätze wie diese sind leicht dahingeschrieben: »Krebspatienten akzeptieren die Chemotherapie als letzte Chance, verlangen sie sogar. Schizophrene und Maniker hingegen sträuben sich meist gegen die Behandlung«, insbesondere die Medikamentenbehandlung (G. Herrmann 1990 in der »Weltwoche«). Das mag überzeugend klingen, aber es ist nicht wahr. Hierzu einige Daten.

Freiwilligkeit überwiegt

Von den rund 200.000 Einwohnerinnen und Einwohnern des Kantons Basel Stadt erhalten etwa 14.000 in jedem Jahr fachpsychiatrische oder psychotherapeutische Hilfe. Von diesen suchen 90% aus eigenem Antrieb eine Poliklinik oder einen freipraktizierenden Therapeuten auf. Von den 1600, die psychiatrischer Klinikbehandlung bedürfen, kommen vier Fünftel freiwillig – gewiß unter dem Druck ihrer Krankheit, gelegentlich auf Drängen ihrer Angehörigen. Aber das ist bei vielen körperlich Kranken nicht anders.

14.000 Freiwilligen stehen mithin 300 Patienten gegenüber, die unter der Auflage der Bestimmungen über den fürsorgerischen Freiheitsentzug, einer vormundschaftlichen oder einer strafrechtlichen Maßnahme in psychiatrische Behandlung kommen. Das sind wenig mehr als zwei Prozent.

Mit der Zwangsbehandlung verhält es sich ähnlich. Eine gut abgesicherte prospektive multizentrische Untersuchung, die von Steven K. Hoge und Mitarbeitern (1990) in Massachusetts durchgeführt wurde, hat ergeben, daß ganze 7,2% der psychosekranken Patienten – die wiederum eine Minderheit der pychiatrischen Krankenhauspatienten darstellen (ca. ein Drittel) – , die Medikamentenbehandlung für einen Zeitraum von mehr als 24 Stunden verweigerten. In Massachusetts ist das Recht psychisch Kranker, die Behandlung abzulehnen, anders als hierzulande, gesetzlich geregelt. Deswegen ist die weitere Entwicklung der Behandlungsverweigerer für uns aufschlußreich: Mehr als die Hälfte ließen sich innerhalb einer Woche von der Notwendigkeit der Medikamenten-Behandlung überzeugen. Zu einem Viertel einigten sich Patienten und Therapeuten darüber, auf die Medikamente zu verzichten. Bei einem Fünftel wurde der vorgeschriebene Rechtsweg beschritten, um eine Zwangsmedikation gerichtlich durchzusetzen. Voraussetzung dafür ist die Aufhebung der Urteilsfähigkeit durch die psychische Krankheit. In allen Fällen wurde dem Antrag der Ärzte stattgegeben. Die Behandlung durfte durchgeführt werden.

Es ist wichtig, immer wieder zu betonen, daß nur eine Minderheit psychisch Kranker von Zwangsmaßnahmen betroffen ist. Dennoch weist diese Tatsache keinen Ausweg aus dem grundsätzlichen Dilemma: Zum einen hat diese Minderheit, die aus krankheitsbedingter Hilflosigkeit zum Objekt staatlicher Gewalt wird, Anspruch auf besonderen gesetzlichen Schutz. Zum anderen konzentriert sich die Ausübung von Zwang gegenüber pychisch Kranken in staatlichen psychiatrischen Einrichtungen. Wer dort tätig ist, muß sich der unguten, aber wohl unvermeidlichen Doppelfunktion der Psychiatrie stellen: zum einen, jenen Klienten zu helfen, die Hilfe suchen; zum anderen jenen Hilfe aufzunötigen, die durch die Krankheit ihre Urteilsfähigkeit eingebüßt haben und unter den Bedingungen des fürsorgerischen Freiheitsentzugs in die Klinik gebracht werden. Mit ihnen wird sich dieses Buch befassen.

Gewalt in der Medizin

In diesem Zusammenhang ist festzuhalten, daß auch die übrige Medizin keineswegs gewaltfrei ist. Notfallmedizin ist nichts für zartbesaitete Gemüter. Stahl und Strahl, Laser und Zytostatika, invasive Verfahren zur Diagnostik in allen Disziplinen, und nicht zuletzt der Elektroschock als selbstverständliche Interventionsmethode beim Herzkammerflimmern sprechen ihre eigene Sprache. Es ist mehr als eine ironische Marginalie, daß die Abbildung eines Elektroschockgerätes in einem sonst sehr schönen psychiatriekritischen Bildsachbuch, die die kühle Brutalität der modernen Psychiatrie zeigen soll, in Wirklichkeit einen Defibrillator an einem Intensivplatz einer Inneren Klinik darstellt (Obiols 1978).

Wir tun gut daran, uns ins Bewußtsein zu rufen, daß unsere Kollegen in der Chirurgie und der Inneren Medizin sich lange Zeit schwer damit getan haben, daß die Juristen ihre Eingriffe in die Körpersphäre des kranken Menschen schlicht als Körperverletzung klassifizieren, die nur durch die Zustimmung der Kranken nach Aufklärung straffrei bleibt. Sie fühlen sich dadurch an die Seite von Raufbolden und Messerstechern gestellt. Sie empfinden, daß ihre Motive ihrem Handeln eine andere Qualität verleihen müßten. Sie haben dennoch unrecht. Allein die aufgeklärte Zustimmung beim geschäftsfähigen Patienten entscheidet über Recht und Unrecht, über Zulässigkeit oder Unzulässigkeit ihres Handelns. Sie entscheidet darüber, ob die Gewalt, die sie in Form der Narkose, der Operation oder elektrischen Defibrillation ausüben, erlaubt ist oder kriminell.

Was die übrige Medizin von der Psychiatrie unterscheidet, ist die Tatsache, daß sie in aller Regel mit der aufgeklärten Zustimmung ihrer Patienten rechnen kann, und zwar in solchem Maße, daß ihre blutigen und unblutigen Eingriffe in Körper und Psyche erst durch Nachdenken als gewalttätig identifiziert werden; und wenn sie an bewußtlosen Patienten tätig wird, besteht kaum Zweifel, daß sie im Rahmen einer »Geschäftsführung ohne Auftrag« zu handeln berechtigt und verpflichtet ist.

In der Psychiatrie ist das anders. Ihre Patienten können zum Teil krankheitsbedingt nicht aufgeklärt zustimmen; zum Teil wehren sie sich ausdrücklich gegen Krankenhausaufnahme und Behandlung.

Kein Vertrauensvorschuß für die Psychiatrie

Der Vertrauensvorschuß, auf den die Ärzte in der somatischen Medizin selbstverständlich zurückgreifen können, wird den Psychiatern nicht gewährt. Uns wird nicht ohne weiteres abgenommen, daß wir bei einem Kranken, der zeitweilig nicht über sich selbst bestimmen kann, in dessen Sinne handeln würden. Das hängt mit einem abgrundtiefen, lang überlieferten Mißtrauen gegenüber unserem Können zusammen. Dieses Mißtrauen betrifft sowohl unsere Fähigkeit, Krankheit und Gesundheit voneinander abzugrenzen, als auch unser therapeutisches Vermögen.

Wichtiger noch scheint zu sein, daß die traditionelle Vorstellung, ein guter Arzt sei auch ein guter Mensch, die erst im letzten Jahrzehnt ein wenig abgebröckelt ist, den Psychiater nie eingeschlossen hat. Populäre Darstellungen der Psychiatrie verzichten nie darauf, eine Parallele zu ziehen zwischen den klassischen Zwangsmitteln der Psychiatrie, den hilflosen, wie Folter wirkenden historischen Therapieversuchen und dem Elektroschock oder der »chemischen Zwangsjacke« der Psychopharmakotherapie. Das Bild des Psychiaters ist allzuoft das eines manifesten oder wenigstens latenten Sadisten, der alles Mißtrauen verdient hat.

Der konstruierte Gegensatz zwischen »gewalttätiger« Psychiatrie und »emanzipatorischer« Psychotherapie mag zur Verfestigung dieses Bildes beitragen. Auf dem Wege der Abspaltung werden die guten Anteile im psychiatrisch tätigen Arzt allein dem Psychotherapeuten zugewiesen. Dieses Bild von Psychiater und Psychiatrie hängt eng mit unserer zweiten Aufgabe als Psychiater zusammen, unserer Ordnungs- und Schutzfunktion.

Die Gewalt, die wir im staatlichen Auftrag ausüben, vermittelt unserem Tun eine andere Qualität als dem unserer Kollegen, die sich auf die aufgeklärte Zustimmung der Patienten berufen können. Die Aufgabe, die Kranken und die Allgemeinheit vor einer dringenden, unmittelbar gegenwärtigen Gefahr zu bewahren, rückt uns in die Nähe der Polizei, die im übrigen neben ihrer Ordnungsaufgabe ja auch helfende Funktionen hat.

Die Gewalt durch Kranke

Neben der Kritik an der Psychiatrie, zu gewalttätig zu sein, gibt es auch die andere, zu sorglos mit den ihr anvertrauten Kranken umzugehen, die Ordnungsaufgaben nicht ausreichend zu erfüllen und sich dadurch der Körperverletzung oder der fahrlässigen Tötung schuldig zu machen oder eine Gefährdung der Allgemeinheit heraufzubeschwören. Solche Kritik wird immer dann laut, wenn ein psychisch Kranker ein spektakuläres Verbrechen begeht. Wenn ein entlassener psychiatrischer Patient, wie jüngst zu lesen, in brutaler Weise ein Kind tötet oder gar eine Person des öffentlichen Lebens angreift, nützt der nüchterne Hinweis überhaupt nichts, daß Gewalttaten psychisch Kranker nicht häufiger sind als die anderer Menschen. Dann wird der Anspruch all der anderen nicht gewalttätigen psychiatrischen Patienten auf Freiheit und körperliche Unversehrtheit von großen Teilen der Öffentlichkeit, insbesondere aber von der Boulevardpresse, vom Tisch gewischt. Dann wird leicht unterstellt, alle psychiatrischen Krankenhauspatienten seien potentielle Kindermörder und Vergewaltiger; also müßten alle eingeschlossen werden.

Dieses Problem wird durch die bedrückende Bereitwilligkeit von Medizin und Öffentlichkeit verschärft, hinter jedem unverständlichen oder grausamen Verbrechen einen psychisch gestörten Täter zu vermuten. Psychiatrie wird dadurch in mancher Hinsicht zu einer Gratwanderung zwischen Freiheitsberaubung und unterlassener Hilfeleistung. Wir wissen alle, daß die Psychiatrie in allgemein zugänglichen psychiatrischen Krankenhäusern, die sich den Ordnungsaufgaben nicht entziehen können, tief davon geprägt ist, daß »nichts passieren« darf – dem Kranken nicht und schon gar nicht Dritten. Die »Garantenpflicht« der Psychiatrie wird so zu einer Gefahr für die persönliche Freiheit der Patienten.

Fürsorgerischer Freiheitsentzug – Mangelhafter Rechtsschutz

Zum Schutz unserer Patienten und in unserem eigenen Interesse bedarf die Ausübung von Zwang gegenüber psychisch Kranken einer eindeutigen gesetzlichen Regelung. In Deutschland ist diese durch die Landesunterbringungsgesetze in Verbindung mit Art. 102 des Grundgesetzes gegeben.

In Österreich erweckt eine rigorose Neuregelung den Anschein, die Kompliziertheit des Verfahrens könnte das Recht der Kranken auf angemessene und rasche Hilfe beeinträchtigen.

Demgegenüber lassen der Abschnitt über den fürsorgerischen Freiheitsentzug des Schweizerischen Zivilgesetzbuches und die Verfahrensbestimmungen der meisten Kantone die notwendige Eindeutigkeit schmerzlich vermissen. Eine Regelung der Zwangsbehandlung gibt es außer im Tessiner Psychiatriegesetz nicht. Die Art. 397 a – f ZGB gewährleisten die Patientenrechte nur scheinbar in ausreichendem Maße. Ungenaue Formulierungen machen es möglich, daß die Absichten des Gesetzgebers im konkreten Verfahren unterlaufen werden können. Zahlreiche Bundesgerichtsurteile der letzten Jahre zeigen, daß dies in der Praxis auch geschieht. Der Grund dafür liegt vor allem in der Delegationsmöglichkeit des Freiheitsentziehungs-Verfahrens, die der Artikel 397 b im Satz 2 vorsieht: »Für die Fälle, in denen Gefahr in Verzug liegt oder die Person psychisch krank ist, können die Kantone diese Zuständigkeit (der vormundschaftlichen Behörde) außerdem anderen geeigneten Stellen einräumen.« Was »geeignete Stellen« sind und wie diese zu verfahren haben, wird von Kanton zu Kanton so unterschiedlich gehandhabt, daß von einem einheitlichen, für die Allgemeinheit, insbesondere aber für die Betroffenen nachvollziehbaren Recht der fürsorgerischen Freiheitsentziehung kaum die Rede sein kann.

So kommt es, daß nicht wenige Psychiatriepatienten das Gefühl haben, willkürlich behandelt zu werden. Verschiedene mehr oder weniger militante Organisationen glauben, Verstöße der Psychiatrie gegen die Menschenrechte anprangern zu müssen oder, wie PSYCHEX, vermeintlich oder tatsächlich zu Unrecht in psychiatrischen Einrichtungen festgehaltenen Kranken wieder zur Freiheit verhelfen zu müssen.

Nicht wenige Psychiater in den staatlichen Krankenhäusern fühlen sich zu Unrecht angegriffen und vom Gesetzgeber alleingelassen. Eine Fülle von Beschwerden, Klageandrohungen und Klagen, die zum Teil bis zum Bundesgericht weitergetragen werden, wirken nachhaltig in den Klinikalltag hinein. Die stete Bereitschaft, Verteidigungshaltung einnehmen zu müssen, vergiftet mehr als nur gelegentlich die Beziehung zwischen Kranken und Therapeuten.

Zwangsbehandlung: ein rechtliches Vakuum

Die Landesunterbringungsgesetze beschäftigen sich in Deutschland kaum mit der Problematik der Behandlung gegen den Willen der Kranken. Einzelne, etwa das Niedersächsische Psychisch-Kranken-Gesetz, formulieren ein Recht auf angemessene Behandlung. Zugleich verbieten sie Eingriffe, die zu dauernden Persönlichkeitsveränderungen führen können. Aus dem Anspruch der Kranken auf Behandlung ließe sich indirekt auch eine Verpflichtung der Behandelnden ableiten, bei durch psychische Krankheit Urteilsunfähigen gegebenenfalls auch gegen den Willen der Betroffenen zu intervenieren. Ein Urteil des Bayrischen Obersten Landesgerichtes aus dem Jahre 1990 hat jedoch klargestellt, daß dies nicht der Fall ist. Wir werden am Schluß dieses Kapitels darauf zurückkommen.

Das Schweizerische Zivilgesetzbuch regelt ausschließlich die fürsorgerische Freiheitsentziehung. Aussagen über die Rechtmäßigkeit oder die Unrechtmäßigkeit einer Behandlung der Untergebrachten gegen ihren Willen enthält es nicht. Allenfalls aus der Formulierung der Voraussetzung in Art. 397 a : »Wenn die nötige persönliche Fürsorge nicht anders erwiesen werden kann«, ließe sich ein Recht bzw. eine Verpflichtung zur Behandlung gegen den Willen ableiten. Die Behandlung kann als Teil der »nötigen persönlichen Fürsorge« betrachtet werden, zumal es widersinnig ist, jemanden mit einer therapiefähigen Krankheit zwangseinzuweisen, um ihn dann nicht zu behandeln.

Aber rechtlich steht diese indirekte Schlußfolgerung nach allgemeiner Übereinstimmung auf schwachen Füßen. Auch die Berufung auf eine »Geschäftsführung ohne Auftrag« trägt allenfalls in der akuten Notsituation, nicht darüber hinaus.

So stehen wir vor der absurden Tatsache, daß der heikelste Aspekt der Ausübung von Zwang gegenüber psychisch Kranken von den verantwortlichen Ärzten in eigenem Ermessen geregelt werden muß. Ich glaube nicht, daß ein Rechtsstaat dies hinnehmen, dies seinen Verantwortungsträgern zumuten darf. Hier ist – bei allem Respekt vor den Mitgliedern der ärztlichen Profession – der Willkür Tür und Tor geöffnet. Die Persönlichkeit, die Gesinnung und die Menschlichkeit einzelner müssen gewährleisten, daß die Kranken nicht mißbraucht werden. Der Gesetzgeber scheint sich trotz des weitverbreiteten Mißtrauens in der Bevölkerung darauf zu verlassen.

Aber dabei darf es nicht bleiben. Denn, so Hans-Peter BULL, Innenminister von Schleswig-Holstein und ehemals bundesdeutscher Datenschutzbeauftragter:

> *»Die Erfahrung sollte uns lehren, die Grundrechte besonders sorgsam zu hüten, wenn der Staat fürsorgliche Ziele verfolgt. Der Mensch ist von Natur aus wachsam gegen Einschränkungen der Freiheit durch böswillige Herrscher, aber die größten Gefahren für die Freiheit lauern in den heimtückischen Anmaßungen von Eiferern, die wohlmeinend sind aber ohne Verständnis.«* (BULL, 1979)

Solche Eiferer gibt es auch in der Psychiatrie. Die konkrete Gefährdung besteht darin, daß es manchen Ärzten schwerfällt, zwischen der Chance zur Gesundung und dem Recht auf Selbstbestimmung der ihnen anvertrauten Kranken in angemessener Weise abzuwägen. Dazu bedürfen sie der Hilfe von außen.

Gegenwärtig befinden wir uns in einer widersinnigen Situation. Einerseits sind wir gehalten, das Selbstbestimmungsrecht psychisch kranker Patienten auch im Krankenhaus zu gewährleisten. Wie in der übrigen Medizin ist die ärztliche Behandlung grundsätzlich nur mit Einwilligung des Patienten nach vorangegangener Aufklärung zulässig. Zwangsbehandlung ist nur in gesetzlich geregelten Ausnahmefällen zu vertreten. Aber diese Regelung gibt es nicht. Dennoch sind wir verpflichtet zu handeln. Es ist unbestreitbar, daß psychische Krankheit die Urteilsfähigkeit, die Willensfähigkeit und die Gefühle so verändern kann, daß der Betroffene nicht mehr in der Lage ist, seine Interessen zu erkennen, geschweige sie wahrzunehmen. Es wäre barbarisch, diejenigen Kranken ihrem Schicksal zu überlassen, die nicht um Hilfe nachsuchen können, weil sie ihre Fähigkeit dazu durch ihre Krankheit verloren haben.

Solange keine klaren gesetzlichen Vorgaben bestehen, die die geschilderte Problematik berücksichtigen, müssen wir uns vorläufig für den Ausnahmefall der Behandlung psychisch Kranker gegen ihren Willen selber Regeln geben. Diese müssen für die jeweilige Situation schriftlich niedergelegt werden. Das Entscheidungsverfahren muß nachvollziehbar und gerichtlich überprüfbar sein. Die Entscheidungsgründe müssen dokumentiert werden.

Leitlinien der Pro Mente Sana

Die Schweizerische Stiftung Pro Mente Sana hat 1991 eine Stellungnahme zum Thema Zwangsbehandlung in der Psychiatrie vorgelegt. Diese kann sowohl bei der Entscheidungsfindung wie bei der Regelung des Verfahrens innerhalb einer Institution hilfreich sein. In der Stellungnahme heißt es:

Selbstbestimmung als Leitidee

»Psychische Krankheit oder Behinderung darf zu keinen Einschränkungen der jedem Menschen zustehenden Rechte und Pflichten führen. Ausnahmen sind gesetzlich zu regeln. Eine Behandlung ist grundsätzlich nur mit Einwilligung des Patienten/der Patientin nach vorangehender Aufklärung über die Tragweite und die Folgen einschließlich der Nebenfolgen der konkreten Therapie zulässig.

Verbesserung des Rechtsschutzes der Patient/innen

1. Ein wirksamer Schutz vor ungerechtfertigter Zwangsbehandlung in der Klinik setzt eine rasche gerichtliche Überprüfung der Fürsorgerischen Freiheitsentziehung voraus. Durch geeignete Maßnahmen ist sicherzustellen, daß innert Wochenfrist ein sachgemäßer richterlicher Entscheid erfolgt. Der Betroffene/die Betroffene soll Anspruch auf einen Beistand seiner/ihrer Wahl haben (SozialarbeiterIn, Anwalt/Anwältin, Patientenorganisa-

tion u.a.). Der Patient/die Patientin soll das Recht haben, sich während des Klinikaufenthaltes jederzeit mit dieser Vertrauensperson zu beraten.

2. Die Rechtsstellung der Patienten/innen während des Klinikaufenthaltes ist in den Kantonen rechtlich zu normieren. Die Regelung soll insbesondere den folgenden Anforderungen genügen:

- Die Grundzüge der Aufnahme, des Aufenthaltes und der Entlassung von freiwilligen und zwangseingewiesenen Patienten/innen in einer psychiatrischen Klinik sind zu regeln.
- Der Behandlungsverlauf ist soweit möglich gemeinsam mit dem Patienten/der Patientin zu planen und in einem schriftlichen Therapie- und Rehabilitationsplan festzuhalten; sind freiheitsbeschränkende Maßnahmen im Zeitpunkt vor dessen Erstellung unumgänglich, so sind diese darin zu nennen und zu begründen. Der Therapieplan steht dem Patienten/der Patientin zur Verfügung.
- Zwangsmaßnahmen (Zwangsmedikation, Isolierung, Festbinden etc.) sind nur in Ausnahmefällen zulässig und bedürfen einer gesetzlichen Grundlage. Jede Gewalt, die in die menschliche Würde des Patienten/der Patientin eingreift, ist zu vermeiden.
- Das Selbstbestimmungsrecht von urteilsfähigen Patienten/innen ist in jedem Fall zu respektieren. Eine eingreifende Behandlung gegen den Willen des Patienten/der Patientin ist unter den folgenden kumulativen Voraussetzungen zulässig:
  - der Eintritt in die Klinik erfolgte nicht freiwillig, d.h. der Patient/die Patientin wurde im Rahmen einer Fürsorgerischen Freiheitsentziehung oder einer strafrechtlichen Maßnahme eingewiesen und
  - dem Patienten/der Patientin fehlt die Fähigkeit, nach erfolgter Aufklärung der Behandlung zuzustimmen oder diese abzulehnen und
  - die Behandlung liegt im überwiegenden Gesundheitsinteresse des Patienten/der Patientin, steht in sachlichem Zusammenhang mit dem Einweisungsgrund und genügt dem Grundsatz der Verhältnismäßigkeit.

- In Notfällen ist der behandelnde Arzt zur Abwendung einer unmittelbaren und ernsthaften Gefahr für die Gesundheit oder das Leben des Patienten/der Patientin oder von Drittpersonen befugt, eine Behandlung ohne dessen/deren Einwilligung anzuordnen.
- Hat der Patient/die Patientin in urteilsfähigem Zustand eine Willenserklärung über die von ihm/ihr gewünschte Behandlungsart bzw. Nichtbehandlung abgegeben (»Psychiatrische Patientenverfügung«), so ist dieser Wille zu respektieren, sofern dadurch nicht eine unmittelbare und ernsthafte Gefahr für das Leben des Patienten/der Patientin oder die Sicherheit von Drittpersonen entsteht. Wird von dieser Verfügung abgewichen, so ist die Abweichung schriftlich zu begründen.
- Soweit möglich ist die Zwangsbehandlung im zuständigen Behandlungsteam zu besprechen. Nach Abwägung aller Argumente ist eine einvernehmliche Entscheidung anzustreben. Kommt eine solche nicht zustande, entscheidet der zuständige Arzt/die zuständige Ärztin.
- Der Arzt/die Ärztin, der/die die Zwangsbehandlung anordnet, soll in der Regel bei der Durchführung anwesend sein. Die Anordnung und der Verlauf der Zwangsbehandlung sollen dokumentiert werden. Insbesondere sind schriftlich festzuhalten:
  - Verantwortliche und Zeitpunkt der Anordnung
  - angenommene Risiken für den Patienten/die Patientin sowie seine/ihre Umgebung mit und ohne Zwangsbehandlung
  - Ausführende, Dauer und Auswirkungen der Zwangsbehandlung.
- Die Anordnung einer Zwangsmaßnahme kann mittels Rekurs an die für die gerichtliche Beurteilung von Fürsorgerischen Freiheitsentziehungen zuständige Instanz weitergezogen werden. Der Rekurs hat aufschiebende Wirkung. Bei Zwangsmaßnahmen in Notfällen kann der/die Patient/in eine nachträgliche gerichtliche Überprüfung verlangen.
- Die Angehörigen, die gesetzlichen VertreterInnen und wichtigen Drittpersonen sind über eine vorgesehene Zwangsbehandlung umfassend zu informieren. Sie haben das Recht, angehört zu werden. Nach Möglichkeit sind sie in den Entscheidungsprozess einzubeziehen.«

Die Stellungnahme der Pro Mente Sana enthält auch Vorschläge zur Verhütung von Zwangsmaßnahmen. Wir werden darauf im Schlußkapitel dieses Buches zurückkommen.

Die Situation in der Bundesrepublik

In Deutschland ist die Lage nicht weniger komplex und ungeregelt als in der Schweiz und den meisten anderen europäischen Ländern. In den Landesunterbringungsgesetzen bzw. den Psychisch-Kranken-Gesetzen sind die Rechtmäßigkeit der Behandlung gegen den Willen und deren Bedingungen nicht geregelt. Sie läßt sich allenfalls indirekt ableiten, weil die Psychisch-Kranken-Gesetze der Länder in der Regel das Recht der gegen ihren Willen eingewiesenen Kranken auf Behandlung festschreiben. Daraus ließe sich folgern, daß urteilsunfähigen Kranken dieses Recht nicht vorenthalten werden darf, wenn sie ihre Situation wegen psychischer Krankheit nicht begreifen oder verkennen und sich deswegen gegen eine notwendige Behandlung zur Wehr setzen. Diese Interpretation steht jedoch jenseits der unmittelbaren Notfallsituation verfassungsrechtlich auf schwachen Füßen.

Noch problematischer ist die Situation bei Kranken, die auf der Grundlage des Betreuungsrechts – durch Vormundschaft oder Pflegschaft – eingewiesen wurden. Hier ist nach der aktuellen Rechtsprechung die formale Einrichtung einer »Behandlungsbetreuung« Grundlage für die Zwangsbehandlung außerhalb der unmittelbaren Notfallsituation. Der dritte Zivilsenat des Bayrischen Oberlandesgerichtes hat am 15.03.1990 eine Grundsatzentscheidung zur Zwangsbehandlung getroffen. Danach berechtigt eine gerichtlich angeordnete Unterbringung nicht gleichzeitig und automatisch dazu, die Patienten der ärztlichen Kunst entsprechend medikamentös oder psychotherapeutisch zwangszubehandeln. Wie Riedel u.a. (1992) ausführen, hat diese Entscheidung bundesweite Bedeutung, weil andere obere Landesgerichte von dieser Entscheidung nicht abweichen können, ohne sie dem Bundesgerichtshof vorzulegen. Wegen seiner grundsätzlichen Bedeutung sei dieses Urteil auszugsweise zitiert:

»3 ... kann alleine aus der Tatsache der Unterbringung nicht die Zulässigkeit einer ärztlichen Heilbehandlung für die Dauer der Unterbringung hergeleitet werden. Daran ändert auch nichts, daß in vielen Fällen die Unterbringung bereits eine bestimmte ärztliche Behandlung zum Ziel hat. Für die ärztliche Behandlung muß vielmehr eine besondere Rechtsgrundlage vorhanden sein. Im Bereich der zivilrechtlichen Unterbringung fehlt ein Erlaubnisbestand für die Zwangsbehandlung.

a) Ärztliche Behandlung ist grundsätzlich nur mit Einverständnis des Patienten zulässig. Dies gilt auch für ärztliche Maßnahmen ohne Eingriff in die körperliche Integrität eines Betroffenen, da diese jedenfalls sein allgemeines Persönlichkeitsrecht berühren. Eine Einwilligung muß sich inhaltlich auf die jeweilige konkrete Maßnahme beziehen; das schließt aber nicht aus, daß der Patient auch ganz allgemein einer vom Arzt für erforderlich erachteten kunstgerechten Behandlung zustimmt. Voraussetzung einer wirksamen Einwilligung ist ferner, daß der Arzt denjenigen, auf dessen Einwilligung es ankommt, so weit als möglich über Art, Behandlung, Schwere und mögliche Folgen des Eingriffes aufgeklärt hat und dieser damit, wenn nur im großen und ganzen, weiß wozu er seine Einwilligung gibt.

b) Ist ein Patient für den Wirkungskreis der ärztlichen Heilbehandlung nicht geschäftsfähig, so kann er grundsätzlich gegen seinen Willen nicht behandelt werden; liegt hingegen eine allgemeine oder für diesen Wirkungskreis (partielle) Geschäftsunfähigkeit (Einwilligungsunfähigkeit) vor, so ist die Einwilligung seines gesetzlichen Vertreters, also die des Betreuers maßgebend, wenn dessen Bestellung diesen Wirkungskreis umfaßt. Ist ein Betreuer noch nicht bestellt oder ist er verhindert, so ist für die Erteilung der Einwilligung zur Heilbehandlung unter den Voraussetzungen des § 1846 BGB das Vormundschaftsgericht berufen.

c) Eine einstweilige Maßnahme des Vormundschaftsgerichts nach § 1846 BGB kommt in Betracht, wenn ein Betreuer noch nicht bestellt oder an der Erfüllung seiner Pflichten verhindert ist. Keinesfalls darf die Anwendung von § 1846 BGB dazu führen, die an sich gebotene Bestellung eines Betreuers zu umgehen. Wird eine Unterbringung als einstweilige Maßregel nach § 1846 BGB erforderlich, weil noch kein Betreuer bestellt ist, so ist der Betreuer unverzüglich zu bestellen und aufzufordern, alsbald zu entscheiden, ob er einen Antrag auf Genehmigung der Unterbringung stellt; die Maßregel wird unzulässig, wenn in einem solchen Fall der Betreuer innerhalb einer angemessenen Frist keine Entscheidung trifft. Entsprechendes gilt für die Einwilligung in eine Heilbehandlung.

4.a)Die Einwilligung des Vormundschaftsgerichts in die ärztliche Behandlung eines zivilrechtlich Untergebrachten als einstweilige Maßregel nach § 1846 BGB setzt somit zunächst voraus, daß der Untergebrachte zumindest für den Bereich der ärztlichen Behandlung mit hoher Wahrscheinlichkeit geschäftsunfähig ist. Ferner muß feststehen, welche Behandlung mit welchen Medikamenten vom Arzt beabsichtigt ist und ob schädliche Nebenwirkungen zu erwarten sind. Weiter muß geprüft sein, warum diese Behandlung dringend ist und keinen Aufschub duldet. Eine Einwilligung des Vormundschaftsgerichts zur ärztlichen Behandlung im Wege der einstweiligen Maßregel nach § 1846 BGB kommt daher regelmäßig nur in Betracht, wenn ein auch nur kurzfristiger Aufschub der vom Arzt angeregten medikamentösen Behandlung eine deutliche Verschlechterung des Krankheitsbildes erwarten läßt. Daraus ergibt sich, daß die Einwilligung zu einer medikamentösen Langzeitbehandlung aufgrund des § 1846 BGB nur in Ausnahmefällen und auch nur wegen der Vorläufigkeit der Maßnahme mit eindeutiger zeitlicher Begrenzung in Betracht kommen kann.«

Es gibt viele Psychiater, die die Verrechtlichung der therapeutischen Arbeit fürchten. Aber die Ergebnisse von S.K. Hoge und Mitarbeitern (1990) am Beispiel Massachusetts zeigen, daß die gesetzlichen Regelungen des Rechts psychisch Kranker, die Behandlung zu verweigern, entgegen mannigfachen Befürchtungen nicht zu einer Wiederkehr der Verwahrpsychiatrie geführt haben. Sie können bei unzulänglichen Verfahrensbestimmungen bei einzelnen Kranken zu einer Verlängerung ihres Leidens führen. Aber dieser Gefahr läßt sich durch die Verbindung des Entscheids über Freiheitsentzug und Behandlung im gleichen Verfahren begegnen. Wir werden im Schlußkapitel darauf zurückkommen. Wenn das geschieht, wird die klare gesetzliche Regelung der Patientenrechte in der Psychiatrie geeignet sein, die Kranken und ihre Behandelnden zu stützen und zu schützen und zugleich zu einer Entspannung zwischen psychiatrischen Patienten, Psychiatrie-Verantwortlichen und der Öffentlichkeit beizutragen.

In diesem Zusammenhang ist es besonders schmerzlich, wie wenig wir im europäischen Raum darüber wissen, unter welchen Umständen die Zwangsbehandlung in der Psychiatrie sich vollzieht und wieviele Kranke davon betroffen sind. Das vorliegende Buch will dazu beitragen, diesen Mangel zu beheben.

2 Der Stand unseres Wissens

Noch vor zwei Jahrzehnten war die Zwangsbehandlung psychisch Kranker kein Thema. Der Arzt entschied über die Notwendigkeit der Behandlung und ließ sie durchführen. Er achtete allenfalls darauf, daß die Rechtsgrundlage »stimmte«. Als Voraussetzung für die Zulässigkeit galt im allgemeinen, daß die Kranken auf der Grundlage eines Unterbringungsgesetzes oder nach dem Vormundschaftsrecht in die Klinik eingewiesen waren. Psychisch Kranke in der Institution befanden sich in einem »besonderen Gewaltverhältnis.« Die Verantwortlichen »wußten«, was notwendig war. Der Gesetzgeber traute ihnen zu, daß sie in angemessener Weise mit ihrer Verantwortlichkeit verfahren würden. Besondere rechtliche Regelungen wurden nicht als notwendig erachtet.

Weil kein Problem vorlag, bestand auch keine Notwendigkeit, das Wissen über Art und Umfang von Zwangsbehandlung, insbesondere Zwangsmedikation zu erweitern. Die Suche nach deutschsprachiger Literatur zu diesem Thema bleibt für die siebziger Jahre ohne Ergebnis.

Klaus ERNST, damals Direktor des Zürcher Burghölzli, bleibt es vorbehalten, darüber erste Untersuchungen durchführen zu lassen (SCHMIED 1982, SCHMIED und ERNST 1983). Er läßt eine Dreimonatsstichprobe in seiner Klinik erheben. Diese ergibt für das Jahr 1981 77 Zwangsinjektionen bei 43 Patienten. Im Untersuchungszeitraum wurden 348 Patienten aufgenommen. Mithin war jeder achte Patient/jede achte Patientin (12,8%) betroffen. Es handelte sich um 24 Männer und 19 Frauen. Zwei Drittel aller Zwangsinjektionen erfolgten innerhalb der ersten fünf Tage nach der Aufnahme in die Klinik. Diagnostisch standen schizophrene und manisch Kranke sowie Patienten mit akuten exogenen Reaktionstypen im Vordergrund. Ihr Anteil an den Zwangsmaßnahmen macht 81% aus. Die Schlußfolgerung: »Wer nicht schizophren, manisch, akut exogen erregt oder chronisch hirnkrank ist, wird wahrscheinlich keine Zwangsmaßnahme erfahren.«

Die Replikation dieser Studie durch WALTI (1988) führt zu ähnlichen Ergebnissen. Allerdings steigt die Anzahl der Zwangsinjektionen bezogen auf die Aufnahmerate auf 16% an, während die Zahl der betroffenen Patienten sich auf 33 vermindert. Bemerkenswert ist, daß 1981 16% der Betroffenen 30 Tage nach dem Ereignis, 1988 immerhin 37%, die Injektion als »annehmbar« empfanden.

Die von ERNST veranlaßten und durchgeführten Untersuchungen sind bis heute Ausnahmen geblieben. Das berührt um so merkwürdiger, als die Pharmakotherapie in der Psychiatrie seit den siebziger Jahren in der Öffentlichkeit zunehmend umstritten ist. Das gilt vor allem für die bei Kranken mit Psychosen aus dem schizophrenen Formenkreis eingesetzten Neuroleptika, deren Verwendung in einer Titelgeschichte des »Spiegel« (1980) als »sanfter Mord« apostrophiert wurde. Die Positionen könnten gegensätzlicher nicht sein: Einerseits gelten sie bei Kranken mit akuten Pychosen aus dem schizophrenen Formenkreis als Mittel der Wahl. Andererseits schreibt ein deutsches Gericht ihnen eine »persönlichkeitszerstörende Wirkung« zu (3U 50/81 OLG Hamm) – eine Auffassung, die von den renommierten Strafrechtlern Hans Ludwig SCHREIBER und Gabriele WOLFSLAST im Kern geteilt wird (1989).

Einerseits gilt die Unterlassung der Neuroleptikabehandlung beim akut Psychosekranken als Kunstfehler. Andererseits fordern ernstzunehmende Mitbürger ihr Verbot. Einerseits schreibt ein angesehener Psychiater wie Max MÜLLER (1982) am Ende seines Lebens im Rückblick auf die Vor-Neuroleptikazeit bündig: »Kurz, es war die Hölle.« Andererseits sieht Urs RUCKSTUHL von der Schweizerischen Stiftung Pro Mente Sana (Hauptziel: »Wahrnehmung der Anliegen psychisch kranker Menschen in allen gesellschaftlichen Bereichen«) im Einsatz von Neuroleptika bei schizophrenen Kranken einen schwerwiegenderen Eingriff als etwa in der Zytostatikabehandlung beim Krebskranken: »Denn im Unterschied zur Chemotherapie beim Krebs, bei Herz-Kreislauferkrankungen usw. handelt es sich bei der Psychopharmakotherapie um einen folgenschweren Eingriff in das Subjektive, das Bewußtsein, die Selbstreflexivität, Phänomene, die das einzigartige, spezifisch Menschliche tangieren.« (1988)

Es gibt radikalere Positionen – etwa die des Berliner Pädagogen Peter LEHMANN (Der Chemische Knebel, 1986), des Berner Psychiaters und Psychotherapeuten Mark RUFER (Irrsinn Psychiatrie,

1989), des Münchner Arztes und Psychotherapeuten Joseph ZEHENTBAUER (Chemie für die Seele, 1986) oder die des schwedischen Arztes und Wissenschaftlers Lars MARTENSSON, der über die Immunologie und die Molekulargenetik zur Auseinandersetzung mit den schizophrenen Psychosen und den Neuroleptika gelangt ist. Er gilt als Kronzeuge der Fronde gegen die Neuroleptika, seit er 1984 bei einer Tagung des Weltverbandes für psychische Gesundheit (WFMH) eine wissenschaftliche Polemik mit dem Titel »Sollen Neuroleptika verboten werden?« vorgetragen hat.

Es ist bemerkenswert, wie sicher die Wortführer der Ablehnungsfront ihrer Sache sind. RUCKSTUHL will dem Patienten immerhin noch die Freiheit einräumen, »sich für eine Neuroleptikabehandlung oder für eine neuroleptikafreie Therapie« (1988) zu entscheiden. ZEHENTBAUER (1986) weiß: Neuroleptika »zerstören die menschliche Psyche. Das Ausmaß dieser geistig-seelischen Zerstörung durch Medikamente ist vergleichbar mit dem Schaden, den die Psychochirurgie oder der Elektroschock anrichten.« Für RUFER sind Psychopharmaka nur auf den ersten Blick »humaner als die früheren Methoden, wie körperliche Züchtigung, Hungerkuren, eiskalte Duschen, Untertauchen des ganzen Körpers, Zwangsjacken, Brechmittel, Tobsuchtszellen oder Drehbetten.« Für ihn ist klar, »Schizophrene, die hochdosierte Neuroleptika erhalten, begehen vermehrt Selbstmord.« LEHMANN und MARTENSSON fordern schlicht das Verbot der Neuroleptika.

Die Auseinandersetzung um Nutzen und Schaden der Neuroleptikatherapie wurde im deutschen Sprachraum zeitweise recht heftig geführt. Sie verharrte jedoch an der Oberfläche. Auch in der Rechtsprechung hat sie kaum Spuren hinterlassen. Das Recht psychisch Kranker, die Behandlung zu verweigern, hat im psychiatrischen Alltag bislang keine Rolle gespielt. Anders ist es kaum zu erklären, daß die Problematik praktisch keine Forschungsaktivitäten ausgelöst hat.

Die Patientenrechtsbewegung in den Vereinigten Staaten

Die Entwicklung in den Vereinigten Staaten ist in mancher Hinsicht anders verlaufen. Hier entbrannte nach zwei Obergerichtsurteilen aus den Jahren 1978 und 1979 in New Jersey und Massachusetts (Rennie gegen Klein und Rogers gegen Okin) nicht nur eine lebhafte Auseinandersetzung über das Recht psychisch Kranker, die Medikamentenbehandlung zu verweigern; die veränderte Rechtsprechung hatte auch lebhafte Forschungsaktivitäten zur Folge. Bevor wir auf deren Ergebnisse eingehen, sei die Entwicklung der Rechtsprechung und deren wissenschaftliche Grundlage skizziert, zumal die Fragestellungen der Forschungen zur Zwangsmedikation in der Psychiatrie wesentlich von dieser bestimmt worden sind. Wir stützen uns dabei vor allem auf eine kritische Übersicht, die der renommierte Rechtswissenschaftler Alexander D. Brooks von der Rutgers University 1987 in der Rutgers Law Review veröffentlicht hat: »The right to refuse antipsychotic medications: Law and policy«.

Das angelsächsische Recht lebt von Präzedenzfällen. Insofern kamen die Urteile zum Recht auf Verweigerung der Medikamentenbehandlung nicht gänzlich überraschend. Das Recht psychiatrischer Patienten, psychochirurgische Eingriffe oder Elektrokrampfbehandlung zu verweigern, war bereits Anfang der siebziger Jahre gerichtlich bestätigt worden. Diese Urteile erkannten an, daß psychisch Kranke das Recht haben, eingreifende, riskante und kontroverse psychiatrische Behandlungsverfahren zu verweigern. Sie hatten in der Zunft der Psychiater keine heftigen Reaktionen hervorgerufen, weil solche Verfahren auch unter ihnen umstritten waren. Das änderte sich, als zwangseingewiesenen psychisch Kranken gerichtlich zugestanden wurde, die antipsychotische Pharmakotherapie zu verweigern: Neuroleptika werden von den Psychiatern als unverzichtbare Standardmedikamente zur Behandlung schizophrener Psychosen und anderer schwerwiegender psychischer Störungen betrachtet. Die Psychiater fürchteten, das Recht, diese Medikation zu verweigern, würde die psychiatrischen Kliniken auf den Stand der Verwahrpsychiatrie der fünfziger Jahre zurückwerfen:

> *»Die Psychiater waren alarmiert, verärgert, ratlos und beleidigt. Sie waren alarmiert, weil sie unwillkommene und beschwerliche Eingriffe der Justiz in ihren Alltag fürchteten. Sie waren beleidigt, weil das Recht auf Medikamentenverweigerung von Richtern und Anwälten mit Kritik an der psychiatrischen Praxis verbunden war, die die Ärzte als völlig unangemessen betrachteten. Die Psychiater waren verärgert, weil sie die neuen Standards und Verfahrensvorschrif-*

ten, die die Richter ihnen auferlegten, als unrealistisch und fachlich unbegründet empfanden. Schließlich waren sie ratlos, weil sie nicht verstehen konnten, weshalb überlieferte, unangefochtene medizinische Gewohnheiten so plötzlich und unerwartet als verfassungswidrig angesehen wurden.« (Brooks, 1986)

Die psychisch Kranken würden zwar ihr Recht durchsetzen, aber dabei »verrotten«, hieß es damals in einem berühmt gewordenen Aufsatz von Appelbaum und Gutheil (1979): »Viele Anwälte neigen dazu, Psychiater als Menschen zu betrachten, die allein durch Hemmungslosigkeit, Machtgier und Sadismus bestimmt werden.« Das »Recht zu verordnen« wurde zum Leitmotiv in zahlreichen psychiatrischen Stellungnahmen und Zeitschriftenartikeln gegen die neue Rechtsprechung. Diese war jedoch unaufhaltsam. Spätestens mit der Entscheidung Youngberg gegen Romeo wurde sie Bundesrecht. Ein verfassungsmäßiges Recht auf Behandlungsverweigerung begann sich herauszukristallisieren. In der Hitze des Gefechts entging den in die Defensive geratenen Psychiatern, daß die Rechtsprechung keineswegs aus dem hohlen Bauch erfolgt war, sondern daß sie solide fachlich-psychiatrische Grundlagen hatte.

Diese waren allerdings weniger in den Idealvorstellungen der Disziplin von einer patientengerechten Psychopharmakotherapie auszumachen, als in der Wirklichkeit der Medikamentenbehandlung in jenen konkreten Einzelfällen, die den Gerichten vorgetragen und von diesen verhandelt wurden. Dabei muß man wahrnehmen, daß Psychiater und Anwälte in mancher Hinsicht eine unterschiedliche Sichtweise haben. Die Psychiater neigen dazu, die positiven Wirkungen und Eigenschaften der Psychopharmaka herauszustellen. Die Kläger und ihre Anwälte konzentrieren sich naturgemäß auf ihre unerwünschten Wirkungen und die Schäden, die sie möglicherweise auslösen. Besonders deutlich wird dies am Beispiel der Spätdyskinesie, deren Risiko und Auswirkungen Psychiater im allgemeinen herunterspielen, während Anwälte und Kläger dies völlig anders sehen.

Brooks belegt das am Beispiel eines Task-force-Report der American Psychiatric Association aus dem Jahr 1978, in dem es heißt, »die Spätdyskinesie ist immer noch selten und die Zahl der bekanntgewordenen Fälle bleibt weiterhin gering«. Die Task-force trifft diese Feststellung zu einem Zeitpunkt, zu dem in der internationalen Literatur bei Langzeitmedikation mit Neuroleptika immerhin von einer Häufigkeit der Spätdyskinesie zwischen 20 und 40% ausgegangen wird.

Während die Euphorie über die Wohltaten und Erfolge der Psychopharmakotherapie in der fachinternen Auseinandersetzung schon in den späten sechziger Jahren der Ernüchterung weicht, werden die unerwünschten Wirkungen der Neuroleptika nach außen heruntergespielt und die positiven Wirkungen hervorgekehrt und nicht selten übertrieben. Brooks stellt die Dynamik und die Folgen dieser Argumentationsweise in eindrucksvoller Form dar. Er zeigt zugleich, wie der Versuch der Psychiater, sich in die eigene Tasche zu lügen, aufgeweckte Juristen geradezu provoziert, sie auszuhebeln und in Schadenersatzprozessen zur Kasse zu bitten: Wer behauptet, Neuroleptika-Nebenwirkungen seien harmlos, Spätdyskinesien seien selten, muß sich nicht wundern, wenn er sich vor Gericht wiederfindet – und sei es wegen mangelhafter Aufklärung.

Dazu kommt, daß die Praxis der Pharmakotherapie in vielen psychiatrischen Krankenhäusern noch in den siebziger und achtziger Jahren außerordentlich anfechtbar war. In vielen Kliniken wurde die Entscheidung über die Medikamentenabgabe Krankenpflegepersonal und unausgebildetem Hilfspersonal überlassen und von Ärzten allenfalls abgesegnet, oft ohne daß sie ihre Patienten untersucht hatten. Brooks: »Es ist eine Tatsache, daß die Qualität der Psychopharmakotherapie in vielen unserer psychiatrischen Krankenhäuser dürftig ist.«

In der Rennie-Entscheidung heißt es: »Krankenhausärzte verschlossen die Augen vor den Medikamenten-Nebenwirkungen, beachteten ihre schädlichen Auswirkungen auf die Patienten nicht oder weigerten sich, sie abzustellen, obwohl dies möglich gewesen wäre. In einem Fall behaupteten die Ärzte sogar, daß ihre Patienten die Nebenwirkungen vortäuschen würden – eine Unterstellung, deren Absurdität durch eine Untersuchung offengelegt wurde.« Unnötige und schädliche Psychopharmaka wurden verschrieben. Polypragmasie war weitverbreitet. Medizinische Berichte, die wichtige Informationen zur Vermeidung von Nebenwirkungen enthielten, waren jahrelang unauffindbar.

Brooks Mängelliste ist lang: Ärzte gaben routinemäßig Blankoanordnungen, selbst wenn dies untersagt war. Ärzte vernachlässigten die Dokumentation von Nebenwirkungen, obwohl dies vorgeschrieben war. Psychiater übten Repressalien gegenüber Patienten aus, die keine Medikamente einnehmen wollten. In einem Fall wurde eine schwangere Patientin bestraft, als sie keine Medikamente einnehmen wollte, obwohl bekannt war, daß diese Medikamente während der Schwangerschaft gefährlich waren. In einem anderen Fall verdoppelte der Arzt die Medikamentendosis, als ein Patient sich über Nebenwirkungen beklagte. In einem weiteren entzog er ihm ein Medikament, das die Nebenwirkungen vermindern sollte. Eine Patientin wurde von ihrem Arzt bedroht, als sie einen Anwalt beauftragte. Schließlich mußten die Richter feststellen, daß Medikamente in großzügiger Weise verordnet wurden, um die Ruhe des Personals statt das Wohlergehen der Patienten sicherzustellen, und daß Medikamente zur Strafe eingesetzt wurden.

Der Bundesrichter von New Jersey, der die hier referierte Beweisaufnahme vornahm, kam zu dem Schluß, daß die Medikation durch das Krankenhauspersonal »in äußerst verantwortungsloser Weise« vorgenommen worden war.

Wir haben die Schelte der Alltagspraxis der Psychiatrischen Pharmakotherapie am Beispiel des Falles RENNIE gegen OKIN so ausführlich vorgetragen, weil sie in geradezu drastischer Weise deutlich macht, welche tatsächliche Grundlage Gerichtsurteile gelegentlich haben, die für die Zukunft Verbindlichkeit beanspruchen können. Das Urteil im Fall Rennie wäre nie zustande gekommen, wenn in jenem Krankenhaus in New Jersey Ende der siebziger Jahre eine solide, seriöse und fundierte Psychopharmakotherapie betrieben worden wäre. Das ist von Bedeutung, weil sich in der Rechtsprechung in den folgenden Jahren neben dem Recht auf Verweigerung der psychiatrischen Pharmakotherapie ein anderes Recht herauskristallisierte: jenes auf eine korrekte, angemessene, den Regeln des Standes der Wissenschaft und der ärztlichen Kunst entsprechende Behandlung. Das kann sich sowohl für die Kranken wie für die Therapeuten auf lange Sicht nur positiv auswirken.

Die Rechtsprechung in den achtziger Jahren macht zunehmend deutlich, daß es seitdem in den gerichtlichen Auseinandersetzungen nicht mehr vorrangig um die Verweigerung der Behandlung schlechthin geht, sondern um die Verweigerung einer unangemessenen Behandlung und den Anspruch auf eine korrekte fachlich richtige Behandlung.

Das ist auch die Schlußfolgerung von Brooks. Er vertritt die Auffassung, daß die Rechtsprechung zur Zwangsmedikation und zum Recht, diese zu verweigern, zu einem Bewußtseinsbildungsprozeß in der Psychiatrie und zu einer Verbesserung der Qualität der psychiatrischen Medikamentenbehandlung geführt hat: »In vielen Krankenhäusern ist die Medikamentenverweigerung durch einen Patienten heute zum Signal für die Verhandlung zwischen dem Patienten und dem behandelnden Arzt oder dem Behandlungsteam über so wichtige Fragen wie die Art und die Dosis von Medikamenten geworden«.

Führt dies zu größerer Patientenzufriedenheit und zu erfolgreicherer Behandlung? Theoretisch sollte dies so sein. Aber diese Frage ist bislang nicht ausreichend untersucht worden. Wir wissen, daß die Ergebnisse solcher Verhandlungen, die segensreich für die Kranken sind, nicht zu einer Verschlimmerung psychischer Störungen geführt haben. Sie haben auch nicht zu einer Verlängerung der Verweildauer oder der Vermehrung von Behandlungszwischenfällen geführt. Die Patienten sind »bei Wahrung ihrer Rechte auch nicht verrottet«. Sie sind auch nicht aggressiver geworden, wie verschiedentlich geunkt worden ist.

In den meisten Staaten erlauben die gesetzlichen Regelungen zum mindesten dann eine Zwangsbehandlung, wenn die Patienten auf Grund ihres Leidens entweder urteilsunfähig oder gefährlich sind. Darüber bestimmen sie unter Berücksichtigung des »professional judgment«. Standard des United State Supreme Court ist, daß eine Zwangsmedikation dann erwirkt werden kann, »wenn sie aufgrund der professionellen Beurteilung des Arztes notwendig ist«(Brooks 1986). In New Jersey beispielsweise wird eine »Notwendigkeit« dann angenommen, wenn Kranke ihre Symptome ohne Medikamente »langsamer« oder gar nicht überwinden würden.

Dies jedoch bedarf eines spezifischen Reglements, das in den meisten amerikanischen Bundesstaaten besteht, in denen die Zwangsmedikation bei psychisch Kranken Einschränkungen unterliegt. Ein solches Reglement sollte unkompliziert sein und die Verzögerung der notwendigen Behandlung vermeiden.

Aber nicht nur die Psychiater haben im Rahmen der Auseinandersetzung um das Patientenrecht zur Verweigerung der Behandlung dazugelernt. Das gleiche gilt für Juristen:

»Auch die Rechtsvertreter psychisch Kranker sind klüger geworden. Sie haben erkannt, daß das Recht, die Medikamentenbehandlung zu verweigern, für viele chronisch psychisch Kranke eine Chimere ist. Das Beste, was die Rechtsprechung für solche Patienten tun kann, ist sicherzustellen, daß vermeidbare Schädigungen durch die Pharmakotherapie verhindert werden. Selbst wenn die Medikamenten-Verweigerungs-Klagen nur dies erreicht haben sollten, wäre dies ein großer Fortschritt.« (BROOKS 1986)

BROOKS Überlegungen zum Thema werden durch eine neuere Arbeit von D.H.J. HERMANN (1990) im »International Journal of Law in Psychiatry« weitgehend nachvollzogen und ergänzt. Es spricht einiges dafür, daß sich auch in den mitteleuropäischen Ländern hinter der Diskussion um das Recht auf Behandlungsverweigerung im Grunde der Anspruch auf die richtige und angemessene Behandlung verbirgt. Dieser Aspekt verdient bei der Auseinandersetzung mit der Zwangsmedikation und ihrer Forschung verstärkt Beachtung.

Untersuchungen zur Wirklichkeit der Zwangsmedikation

Die Entwicklung der Rechtsprechung in den Vereinigten Staaten bewirkte nach einer ersten Trotzphase – die Kranken würden zwar ihr Recht bekommen, aber in den Anstalten verrotten – eine rege Forschungstätigkeit zur Problematik der Zwangsbehandlung mit Psychopharmaka. Dabei traten vor allem die Gruppen um APPELBAUM, COURNOS und ZITO jeweils mit mehreren Veröffentlichungen hervor. Aber auch VAN PUTTEN hat sich mehrfach mit der Behandlungsverweigerung schizophrener Kranker befaßt. Von ihm stammen u.a. auch die frühesten Arbeiten zur Frage, warum schizophrene Kranke sich weigern, ihre Medikamente einzunehmen (z.B.1974).

Dabei ging es noch nicht um die Problematik der Zwangsmedikation, sondern um die schlichte Verweigerung der Compliance. VAN PUTTEN stellte fest, daß 46% der Kranken aus seiner Untersuchungspopulation von 85 Schizophrenen nicht die verordnete Psychopharmakadosis einnahmen. Dabei stellte er eine signifikante Beziehung zwischen Kooperationsverweigerung und extrapyramidalen Nebenwirkungen von Neuroleptika fest, insbesondere mit Akathisien. Wenig später führten VAN PUTTEN und Mitarb. (1976) die Verweigerung der Medikamenteneinnahme bei einer Teilgruppe von Schizophrenen auf den »Wunsch verrrückt zu bleiben« zurück. Bei solchen Kranken stünden ich-syntone Größenideen im Vordergrund, die manche Kranke gegenüber einer medikamenteninduzierten Normalität bevorzugten.

Erst Jahre danach wenden sich die Autoren um MARDER, VAN PUTTEN, und Mitarbeiter (1984) der Frage der Medikation gegen den Willen zu. Sie befragen 31 neuaufgenommene akut psychosekranke Patienten einer kalifornischen Klinik, in der das Recht, die Behandlung zu verweigern, zu diesem Zeitpunkt nicht besteht. 15 Patienten gaben an, daß sie die Medikation verweigern würden, wenn man sie ließe. Nach Auffassung der Autoren handelte es sich um Kranke mit besonders schweren Psychosen mit besonders ausgeprägten affektiven Symptomen. Bei einer Nachbefragung zwei Wochen später revidierten zwölf der Patienten dieser Gruppe ihre Haltung. Die Autoren verweisen auf das Dilemma, das dieser Zusammenhang von potentieller Behandlungsverweigerung bei Aufnahme und Einstellungsveränderung nach zwei Wochen Behandlung gerade bei solchen schwerkranken Patienten offenbart.

ROTH und APPELBAUM fragen 1982 in einem umfassenden Beitrag zu dem Sammelband »Refusing Treatment in Mental Health Institutions: Values in Conflict«: Was wissen wir über die Behandlungsverweigerung in psychiatrischen Institutionen und was nicht? Die Antwort, für die sie 18 Seiten benötigen, lautet: fast nichts !

Abgesehen von einem Beitrag von APPELBAUM und GUTHEIL (1980) gibt es bis dahin keine empirischen Befunde zum Problem der Behandlungsverweigerung. In einer Studie über den Umgang mit Psychopharmaka bei Patienten nach aggressiven Handlungen kommen APPELBAUM und Mitarb. (1983) zur Schlußfolgerung, daß die Besorgnis der Juristen, daß Psychopharmaka in der Psychiatrie automatisch mißbraucht und in zu hohen Dosen eingesetzt würden, von den Ergebnissen der Studie nicht gestützt wird. Aus solchen Befunden leitet APPELBAUM (1988) die Forderung ab, ein Entscheidungsverfahren zu entwickeln, das die Behandlungsaspekte wie die Rechtsaspekte berücksichtigt. Darauf wird noch zurückzukommen sein.

Eine beträchtliche Zahl von anderen Untersuchungen bestätigt die Feststellung, daß Gerichte in der Tat in der Regel den Anträgen von Ärzten Folge leisten (DeLand und Borenstein 1990, Veliz und James 1987).

Julie Zito und Mitarbeiterinnen (1985) verglichen Medikamentenverweigerer mit einer Kontrollgruppe und fanden dabei, daß die Verweigerer keineswegs aggressiver waren als die anderen Kranken. Sie litten häufiger an bipolaren affektiven oder schizoaffektiven Psychosen und weniger häufig an schizophrenen Psychosen – mit einer Ausnahme allerdings: Die hartnäckigen Medikamentenverweigerer waren gegenüber der Kontrollgruppe am häufigsten schizophren. Ansonsten waren die Medikamentenverweigerer eher jung, männlich, alleinstehend. Sie verfügten über eine bessere Schulbildung. Sie unterschieden sich nicht signifikant im Hinblick auf ihre Vorgeschichte oder auf die Häufigkeit früherer Krankenhausaufnahmen.

In weiteren Untersuchungen befaßten sich Zito und Mitarb. (1989) mit den Auswirkungen der Rechtsprechung auf die Alltagspraxis in einem New Yorker Krankenhaus. In einem Einjahreszeitraum erfaßten sie 20 von mehr als 1300 Aufnahmen, die die Medikation verweigerten (1,8%) und für die bei Gericht ein Antrag auf Behandlung gestellt wurde. Fünf Fälle wurden während des Verfahrens zurückgezogen. Bei den verbleibenden 15 erteilte das Gericht in 13 Fällen (87%) die Zustimmung zur Behandlung. Die Medikamentendosis nach der Gerichtsentscheidung entsprach jener, die ursprünglich verordnet worden war.

Bei einer früheren Untersuchung hatten Zito und Mitarbeiter (1986) festgestellt, daß Medikamentenverweigerer nach Anhörung durch das Gericht in der Regel zwar Medikamente nehmen mußten, daß die Dosis jedoch signifikant niedriger war als die ursprünglich verordnete.

In einer umfassenden epidemiologischen Studie zur Verweigerung der Medikamentenbehandlung erfassen Zito und Mitarb. (1991) in New York während eines Jahres 473 von 41.535 Kranken als Medikamentenverweigerer (1%). Bei den Verweigerern handelt es sich nur um solche, für die bei Gericht die Anordnung einer Zwangsbehandlung beantragt wurde. Diese Patienten unterschieden sich von der Gesamtpopulation dadurch, daß sie häufiger strafrechtlich untergebracht waren, oft als schizophren diagnostiziert worden waren, daß sie kürzere Zeit im Krankenhaus verbracht hatten und daß ihre Entlassungswahrscheinlichkeit größer war als die der anderen. Fast in einem Drittel der Fälle wurde der Antrag auf Zwangsbehandlung während des Verfahrens zurückgezogen. Bei den übrigen erteilte das Gericht in 92% seine Zustimmung. ZITO und Mitarb. leiten daraus ab, daß die gerichtliche Entscheidung über die Zwangsbehandlung Zeit und Geld verschwendet, für den Patienten keine größere Rechtssicherheit bringt und keine individuellen Alternativen für die Kranken vermittelt. Sie sprechen sich deshalb für ein internes Anhörungsverfahren anstelle einer Gerichtsverhandlung aus. Sie verweisen darauf, daß in einem solchen Anhörungssystem in Minnesota immerhin ein Drittel der Patienten die Chance hatten, daß ihre Verweigerung akzeptiert würde gegenüber gerade 8% bei der gerichtlichen Anhörung (ZITO u.a. 1985).

Francine COURNOS und Mitarbeiterinnen (1988) greifen die Problematik der Zwangsmedikation auf, nachdem ein New Yorker Gericht 1986 ein gerichtliches Verfahren zur Voraussetzung für die Zwangsbehandlung psychiatrischer Patienten machte. Am Beispiel eines Krankenhauses stellen sie fest, daß die veränderte Rechtslage die Häufigkeit der Zwangsmedikation nicht verändert. Sie gelangen zu der Schlußfolgerung, daß die gerichtliche Anhörung gegenüber dem früher üblichen fachlich abgesicherten Administrativ-Verfahren zwar ein besseres Rechtsverständnis bewirkte, aber im übrigen die Kosten erhöhe, zeitliche Verzögerungen hervorrufe und die fachlichen Argumente in den Hintergrund treten lasse. Sie fordern, die Diskussion über die Zwangsbehandlung solle sich mehr auf die Frage konzentrieren, in welcher Weise vernünftige medizinische und Rechtsprinzipien zum Tragen kommen können, als auf die Frage, ob Ärzte oder Richter entscheiden sollen.

In einem zweiten Ansatz vergleichen COURNOS und Mitarbeiterinnen (1991) 52 Patienten, für die der Antrag auf die Genehmigung einer Zwangsbehandlung gestellt worden ist (0,37% aller psychiatrischen Krankenhauspatienten in New York) mit einer Kontrollgruppe. Die zwangsbehandelten Patienten sind häufiger schizophren, sie gelten häufiger als »für sich selbst und andere gefährlich«, und sie haben nach Durchführung der Behandlung seltener Wahnsymptome als die Kranken der Kontrollgruppe. Sie werden häufiger mit Depotneuroleptika behandelt. Aber sie unterscheiden sich von den anderen nicht durch die Entlassungsrate, die

Bereitschaft zur Kooperation in der Nachsorge oder die Wiederaufnahmefrequenz. Die Untersucherinnen folgern daraus, daß die Zwangsmedikation eine notwendige kurzzeitige Behandlungsstrategie im Krankenhaus sein kann. Andererseits ist sie nach ihrer Auffassung nicht geeignet, die Entwicklung von umfassenden, auf Überzeugung ausgerichteten Behandlungsansätzen in der Klinik und in der Langzeitbetreuung außerhalb der Klinik zu ersetzen.

Die wohl anspruchsvollste Untersuchung zur Problematik der Zwangsmedikation, eine prospektive multizentrische Studie über Kranke, die die Pharmakotherapie verweigern, stammt ebenfalls aus dem Kreis um APPELBAUM (HOGE und Mitarb. 1990). Es handelt sich um die Untersuchung einer Population von 1434 psychiatrischen Patienten, die in staatlichen psychiatrischen Krankenhäusern in Massachusetts innerhalb eines Sechsmonatszeitraums zur Akutbehandlung aufgenommen worden waren. 103 von ihnen (7,2%) verweigerten die Medikamentenbehandlung. Im Vergleich mit einer Kontrollgruppe waren diese Patienten älter, gehörten einer höheren sozialen Schicht an und erhielten seltener Antiparkinsonmittel. Bei der Aufnahme vor der Medikamentenverweigerung hatten die Kranken, die keine Psychopharmaka einnehmen wollten, eine ausgeprägtere psychopathologische Symptomatik, die sich in einem höheren Score der BPRS messen ließ. Sie hatten eine negative Einstellung zur Krankenhausaufnahme und zu früherer, gegenwärtiger und zukünftiger Therapie. Die Behandlungsverweigerung schlug sich negativ im Krankenhausmilieu nieder. Die Verweigerung führte mit einer gewissen Wahrscheinlichkeit zur Isolierung oder zu anderen Zwangsmaßnahmen und zu längerem Krankenhausaufenthalt.

Die meisten Episoden von Behandlungsverweigerung endeten damit, daß die Patienten schließlich doch der Behandlung zustimmten. In 23% der Fälle wurde die Entscheidung der Patienten akzeptiert und respektiert. Nur in 18% der Fälle wurde ein formelles Verfahren zur Genehmigung der Zwangsbehandlung eingeleitet. Dem Antrag der Klinik wurde in jedem dieser Fälle zugestimmt.

Gründe für die Medikamentenverweigerung

Betrachtet man die Gründe für die Medikamentenverweigerung, die in dieser Untersuchung angegeben werden, nennen die Patienten am häufigsten Medikamentennebenwirkungen. Am zweithäufigsten werden Ursachen sichtbar, die unmittelbar das psychotische Geschehen spiegeln, wie Verkennungen, Verfolgungs- oder Vergiftungsideen. Es fällt auf, daß die Behandelnden die Gründe der Kranken für die Medikamentenverweigerung oft nicht verstehen. Darin spiegelt sich nach Auffassung der Untersucher möglicherweise ein Mangel an Kommunikation zwischen Patienten und Therapeuten.

Versucht man Schlußfolgerungen aus den vorhandenen empirischen Untersuchungen zu ziehen, muß man nach wie vor festhalten, daß die verfügbaren Daten spärlich und von geringer Aussagekraft sind. Die kontroversen Auffassungen über den Umgang mit der Behandlungsverweigerung sind deswegen nicht nur Ausdruck unterschiedlicher Haltungen. Sie sind auch auf den Mangel an verläßlichen Informationen über die Auswirkungen des Rechts auf Behandlungsverweigerung sowohl für die Kranken wie für die Behandlungseinrichtungen zurückzuführen. Die vorhandenen Untersuchungen geben Verweigerungsquoten von 1–15% an (Appelbaum und Hoge 1986). Sie verweisen darauf, daß die Gründe für die Verweigerung häufig in der Krankheit selber liegen und zu Urteilsunfähigkeit führen – mit der Konsequenz, daß Anträge auf Zwangsbehandlung dort, wo formelle Verfahren existieren, in der Regel genehmigt werden. Gegner des Patientenrechts auf Behandlungsverweigerung verweisen darauf, daß die Verweigerung zu längerer Aufenthaltsdauer in Krankenhäusern führten und daß Behandlungsverweigerer häufiger isoliert oder anderen Zwangsmaßnahmen unterworfen werden. Gegner betonen auch, daß die Behandlungsverweigerer nur eine kleine Gruppe sehr kranker Patienten ausmachen. Sie wenden sich gegen ein formalisiertes Verfahren und fordern, daß die Entscheidung über eine Zwangsbehandlung allenfalls im Rahmen eines Administrativverfahrens innerhalb der Klinik gefällt werden sollte.

Demgegenüber machen die Befürworter eines formalisierten Prozesses geltend, daß die Respektierung der Patientenrechte in der Psychiatrie die Beziehung zwischen Therapeuten und Kranken insgesamt verändere. Abgesehen davon gibt es auch Befunde, daß

Medikamentenverweigerer keineswegs häufiger auf geschlossene Abteilungen eingewiesen werden müssen, und in einer Studie (ZITO 1991) gibt es sogar Hinweise, daß Patienten, die die Medikation verweigern, eine kürzere Verweildauer haben als die anderen. Schließlich ist unklar, ob die Kriterien zur Identifikation von Medikamentenverweigern in der verfügbaren Literatur die Wirklichkeit der psychiatrischen Einrichtungen spiegeln. Unter dem Eindruck der amerikanischen Rechtsprechung sind vorwiegend solche Patienten untersucht worden, für die ein Antrag auf Zwangsmedikation bei dem zuständigen Gremium gestellt worden war.

Es gibt jedoch Anhaltspunkte, daß die Medikamentenverweigerung im psychiatrischen Alltag ein allgemeines Problem ist (SCHWARTZ 1986). Die oben angeführte Studie von HOGE und Mitarbeitern (1990) unterstreicht das:

> »*Trotz der Kontroverse, die sich um das Recht der psychisch Kranken, die Behandlung zu verweigern, entwickelt hat, bleibt vieles unbekannt, was mit dem Phänomen der Behandlungsverweigerung zu tun hat. Das gilt vor allem für die Patienten, deren Problematik keinem Aufsichts- oder Kontrollgremium vorgetragen wird. Es gibt keine prospektive kontrollierte Untersuchung in einem ganz gewöhnlichen psychiatrischen Krankenhaus, die alle klinisch relevanten Verweigerungen von Psychopharmaka untersucht hat.*«

Mit anderen Worten: Die Problematik der Behandlungsverweigerung bleibt ein weites, unbestelltes Feld.

3 Die Basler Untersuchung zur Zwangsmedikation – Fragestellung und Methodik

»Zwangsmaßnahmen sind für eine stationäre psychiatrische Behandlung zwar nicht charakteristisch, aber sie sind für die Betroffenen (für die »Opfer« wie in anderer Weise auch für die »Täter«) so belastend, daß sie immer wieder eine vertiefte Auseinandersetzung über Sinn respektive Widersinn nötig machen« (HELL 1989). Zwar ist nur eine Minderheit psychisch Kranker von Zwangsmaßnahmen betroffen. Dennoch weist diese Tatsache keinen Ausweg aus dem grundsätzlichen Dilemma: Zum einen hat diese Minderheit, die aus krankheitsbedingter Hilflosigkeit zum Objekt staatlicher Gewalt wird, Anspruch auf besonderen gesetzlichen Schutz. Zum anderen konzentriert sich die Ausübung von Zwang gegenüber psychisch Kranken in staatlichen psychiatrischen Einrichtungen.

Die öffentliche psychiatrische Klinik als Ort der Hilfe und der Gewalt wird so zum Gegenstand niemals endender Kontroversen über die Legitimität psychiatrischen Handelns. »Ein Arzt, der heute eine Zwangsmedikation anordnet, handelt in den seltensten Fällen rechtmäßig, da er sich auf keine gesetzliche Grundlage berufen kann«, schreibt Beatrice MAZENAUER (1989), Juristin und namhafte Psychiatrie-Kritikerin. Aber ist es so einfach? Haben nicht auch diejenigen psychisch Kranken ein Recht auf Behandlung, die durch ihr Leiden ihre Urteilsfähigkeit verloren haben und beispielsweise wähnen, das angstlösende Medikament, das ihre Qual lindern könnte, sei in Wirklichkeit ein tödliches Medikament? Der öffentliche Diskurs verharrt meist an der Oberfläche. Die medienübliche Verallgemeinerung einer Konfliktkonstellation, die der individuellen Güterabwägung bedarf, hat sich als wenig hilfreich erwiesen. Zugleich entsteht der Eindruck, daß das Wissen über Umstände, Art und Häufigkeit von Zwangsmedikation in der Psychiatrie in umgekehrtem Verhältnis zur Heftigkeit und zur Apodiktik der Auseinandersetzung darüber steht (vgl. z.B. ZURBUCHEN und BASLER 1991, RIPPMANN 1991).

Demgegenüber mahnen die vorliegenden Befunde der internationalen und der spärlichen deutschsprachigen Literatur über die Problematik der Zwangsmedikation eher zu Zurückhaltung in der Auseinandersetzung und zu vermehrtem Eifer bei der Gewinnung von Erkenntnissen. Das Bedürfnis, den eigenen Standpunkt nicht nur zu reflektieren, sondern als Grundlage des Nachdenkens zu wissen, was im eigenen psychiatrischen Alltag geschieht, war Anlaß für die Untersuchung der Zwangsmedikation und der Praxis der Zwangsmedikation in der Psychiatrischen Universitätsklinik Basel.

Die Klinik ist zugleich für die stationäre psychiatrische Versorgung der Bewohner des Kantons Basel-Stadt verantwortlich. Neben ihrer Universitätsfunktion erfüllt sie die Aufgaben eines psychiatrischen Landeskrankenhauses. Entsprechend verfügt sie neben den Akutstationen auch über klassische Langzeitabteilungen. Der Patient mit der längsten Verweildauer hatte zum Zeitpunkt der Untersuchung 59 Jahre in der Klinik verbracht. Die Klinik gliedert sich in fünf Bereiche (Alterspsychiatrie, Sucht, Allgemeine Psychiatrie I, Allgemeine Psychiatrie II, Spezialabteilungen) und umfaßte 1991 405 Betten. Zusätzlich wurden 30 Patienten in der Tagesklinik, 15 im Wohnheim Fermel, 20 in geschützten Wohngemeinschaften, 20 in Familienpflege und 80 Patienten im Methadonprogramm behandelt. Zum Zeitpunkt der Untersuchung waren 100 Patienten in der Ambulanten Nachsorge (bis 30.06.1991).

Jedes Jahr werden 1500 – 1600 psychisch Kranke zur Behandlung und weitere 250 zur Krisenintervention aufgenommen.

Die Psychiatrische Universitätsklinik Basel wurde vor über 100 Jahren als Heil- und Pflegeanstalt Friedmatt im Pavillonstil vor den Toren der Stadt ummittelbar an der französischen Grenze errichtet. Am Rande der historischen Anlage entstanden in den sechziger und siebziger Jahren einige Neubauten, deren jüngster die vier geschlossenen Aufnahme- und Akutabteilungen für die Allgemeine und die Alterspsychiatrie beherbergt. Die gesamte Anlage ist in ein zehn Hektar großes Parkgelände mit altem Baumbestand eingebettet.

Die Klinik befindet sich seit Mitte der achtziger Jahre in einem raschen und intensiven Prozeß des Umbruchs und der Entwicklung. Äußerlich schlägt sich das in der Verminderung der belegten Betten von rund 500 (1985) auf 320 (1992) nieder. Eingreifender war die Entwicklung neuer Strukturen: 1987 wurden spezialisierte Bereiche für Suchtkrankenbehandlung und Alterspsychiatrie geschaffen, die über eigene Aufnahmeabteilungen und zugeordnete ambulante Dienste verfügen. Die allgemeinpsychiatrischen Bereiche Psychiatrie I und Psychiatrie II teilen sich die Versorgung der übrigen erwachsenen psychisch Kranken in zwei Sektoren (Süd: Großbasel ohne St. Johann; Nord: Kleinbasel, Riehen, Bettingen und St. Johann).

Der Weg dahin ist noch nicht ganz abgeschlossen. Er war von einem mühsamen Differenzierungsprozeß begleitet. Als größtes Hemmnis der neuen Gestaltung erwies sich die historische Entscheidung aus den endsiebziger Jahren, alle Aufnahmen – außer jenen der privatversicherten Kranken – über eine zentrale Aufnahmestation zu leiten. Die Revision dieser Entscheidung, die mehr den institutionellen als den Krankenbedürfnissen Rechnung getragen hatte, erwies sich als unerwartet schwierig. Sie verlangte nicht mehr und nicht weniger als eine neue Behandlungskultur, die die Irritation durch den Aufnahmedruck bei Tag und Nacht zum integrativen Bestandteil des jeweiligen Behandlungsrahmens macht.

Das bedeutet zugleich, daß der Umgang mit Zwang und Gewalt einem Veränderungsprozeß unterlag. Bis dahin oblag der Umgang mit unfreiwilligen, erregten und aggressiven Patienten zunächst einmal immer der zentralen Aufnahmeabteilung und allenfalls noch den beiden nachgeordneten geschlossenen Stationen. Die Mitarbeiterinnen und Mitarbeiter der übrigen Abteilungen mußten sich, wenn man das so formulieren will, »nicht die Finger schmutzig machen«. Wenn Gewalt und Zwang vorkamen, waren sie fast immer auf diese drei Abteilungen begrenzt. Nur sie standen für die Psychiatrie zwischen Gewalt und Hilfe. Die Mitarbeiterinnen und Mitarbeiter der übrigen Klinikabteilungen waren davon in aller Regel abgeschirmt. Sie waren »reine« Helfer.

Die Veränderung der Klinikstrukturen bedingte eine lebhafte, zum Teil heftig geführte Auseinandersetzung mit der Problematik von Zwang und Gewalt in der gesamten Klinik. Diese hatte zwei Schwerpunkte: zum einen die Möglichkeit von aggressiven Übergriffen einzelner Kranker; zum anderen die Notwendigkeit, im Einzelfall selber auch Zwang ausüben zu müssen. Daß dieses Thema auf breiter Basis diskutiert wurde, kam uns bei der Durchführung unserer Untersuchung über die Realität der Zwangsmedikation in der Klinik sehr zustatten. Es sicherte uns die Unterstützung und die Kooperationsbereitschaft zahlreicher Mitarbeiterinnen und Mitarbeiter.

Projektentwicklung und Fragestellung

Als wir uns daran machten, unsere Studie zur Zwangsmedikation zu entwickeln, konnten wir auf eine konkrete Grundlage zurückgreifen. Seit 1989 muß in der Klinik jede Isolierung eines Kranken, unabhängig von der Dokumentation in Krankengeschichte und Pflegebericht, in einem gesonderten Protokoll festgehalten und begründet werden. Eine Kopie jedes dieser Protokolle wird seither der Pflegeleitung und der ärztlichen Direktion zur Kontrolle vorgelegt. Dieses Vorgehen ist seither zum Routineverfahren geworden und hat sich bewährt (vgl. ROSENTHAL 1993).

Anfang 1991 war der Dokumentationsbogen durch die Rubrik »Zwangsmedikation« erweitert worden. Diese Erweiterung wiederum erweckte das Bedürfnis nach Evaluation und gab einen wichtigen Anstoß für unser Projekt. Ein Muster des Protokolls über Isolierung und Zwangsmedikation ist im Anhang in Faksimile wiedergegeben. Die Daten, die wir über diese Protokollierung von Zwangsmaßnahmen gegenüber Kranken der Klinik erhielten, erlaubten uns ohne übermäßigen zusätzlichen Aufwand eine prospektive Erhebung, die wir durch die Befragung einzelner Kranker sowie beteiligter Mitarbeiter und Mitarbeiterinnen ergänzten.

Darüber hinaus versuchten wir uns der Problematik der Zwangsmedikation in zwei weiteren Schritten zu nähern: Wir wollten möglichst viele Patientinnen und Patienten bei der Entlassung mittels eines Fragebogens über ihre Erfahrungen befragen, die sie mit Medikamentenverabreichung gegen ihren Willen während des aktuellen Krankenhausaufenthaltes, aber auch bei früheren Aufnahmen gemacht hatten. Bei den Kranken, die wir auf diesem Weg erreichen wollten, handelte es sich überwiegend um Akutkranke: die Hälfte der in die Klinik aufgenommenen Patientinnen und Patienten wird nach weniger als drei Wochen wieder entlassen; nur ganz vereinzelt bleibt jemand länger als ein Jahr.

Wir entschlossen uns zu dieser zusätzlichen Befragung, um auch subjektive Patientendaten zu erheben, die durch die Protokolle nicht erfaßt wurden. Außerdem hielten wir es für möglich, daß Kranke die Medikamenteneinnahme bereits zu einem Zeitpunkt als erzwungen erlebten, als die Verabreichungen von Mitarbeiterinnen und Mitarbeitern noch nicht als Zwangsmedikation erlebt und entsprechend auch nicht als solche protokolliert wurden.

Parallel dazu planten wir eine Stichpunkterhebung mit dem Ziel, möglichst viele Kranke zu befragen, die sich zu diesem Zeitpunkt in der Klinik befanden. Auf diesem Wege würden wir neben Akutkranken auch Langzeitpatientinnen und -patienten erreichen können, die sich zum Teil bereits seit Jahren in der Klinik befanden und uns Aufschluß über die Praxis früherer Zeiten vermitteln könnten.

Hypothesen

Unseren verschiedenen Untersuchungsansätzen lagen die folgenden Annahmen zugrunde:

1. Eine Häufung von Zwangsmaßnahmen ist auf den geschlossenen Akutabteilungen, insbesondere auf der zentralen Aufnahmeabteilung zu erwarten.
2. Kranke, die gegen ihren Willen mit Medikamenten behandelt werden, leiden mit Wahrscheinlichkeit an Psychosen aus dem schizophrenen Formenkreis oder an Manien.
3. Kranke, die gegen ihren Willen Medikamente erhalten, be-kommen in der Regel Neuroleptika (als Zwangsmedikation wie als Routinemedikation).
4. Die Zwangsmedikation ist in der Regel eine einmalige Angelegenheit.
5. Der Zwangsmedikation ist in der Regel eine Zwangseinweisung vorausgegangen.
6. Die Zwangsbehandlung erfolgt am häufigsten am ersten oder am zweiten Behandlungstag.
7. Kranke ohne vorherige psychiatrische Krankenhauserfahrung werden häufiger gegen ihren Willen mit Medikamenten behandelt als solche, die Vorerfahrungen mit psychischer Krankheit und der Psychiatrie haben.
8. Jüngere Kranke werden häufiger zwangsmediziert als ältere.

Diese Annahmen wurden aufgrund klinischer Erfahrungen wie auf der Grundlage der kritischen Durchsicht der vorhandenen Literatur entwickelt.

Methodik

Die einzelnen Untersuchungsschritte wurden teils nacheinander, teils parallel zueinander durchgeführt. Die erfaßten Patientenpopulationen überschneiden sich deshalb zu einem kleinen Teil. Das gilt insbesondere für jene Kranke, die bei der Entlassung befragt wurden, und jene, die in den Monaten März bis Mai 1991 mit Hilfe der Zwangsmedikations-Protokolle erfaßt wurden. Wegen der unterschiedlichen Ansätze bei der Befragung und Datenerhebung ist das für die Interpretation nicht von Bedeutung. Im folgenden stellen wir unsere verschiedenen Annäherungsversuche an das Problem der Zwangsmedikation im einzelnen dar:

Die Querschnittsuntersuchung

Es handelt sich beim ersten Ansatz um eine Stichpunkterhebung bei 199 stationären psychiatrischen Patienten. Während einer Zeitspanne von vier Wochen (Juli 1991) wurden Fragebögen an sämtliche hospitalisierte Kranke in der Psychiatrischen Universitätsklinik Basel (PUK) mit Ausnahme der Langzeitpatienten im gerontopsychiatrischen Bereich und im Bereich der geistig Behinderten verteilt. Erfragt wurde die subjektive Erfahrung einer allenfalls erfolgten Zwangsmedikation in der jetzigen oder in einer früheren Hospitalisation in der PUK. Dazu erstellten wir einen kurzen Fragebogen mit zwei Fragen, den alle Betroffenen erhielten und in unserem Beisein ausfüllten (Anhang): Ein zugehöriges Deckblatt mit Angaben zum Alter, Geschlecht, Eintrittsdatum, Diagnose, Anzahl Hospitalisationen in der PUK, sowie Gabe von Neuroleptika wurde vom zuständigen Abteilungsarzt ausgefüllt und von uns eingesammelt. Die Zugehörigkeit des Deckblattes zum entsprechenden Fragebogen wurde aus Gründen des Persönlichkeitsschutzes mittels Numerierung der Fragebögen festgehalten (Anhang).

Bei positiver Beantwortung der Frage 1 und/oder der Frage 2 (Zwangsmedikation jetzt und/oder früher einmal erlebt) erhielten die Patientinnen und Patienten anschließend einen langen Fragebogen, den sie ebenfalls in unserem Beisein ausfüllten und uns übergaben (Anhang). Die Teilnahme war freiwillig.

Wir informierten die Mitarbeiter der Klinik sowohl schriftlich als auch mündlich auf Klinikkonferenzen und mittels Telefongesprächen mit den einzelnen Abteilungen. Zwei Wochen vor dem Stichdatum (Beginn der Querschnittsuntersuchung) meldeten wir uns beim jeweiligen Abteilungspfleger und vereinbarten einen Termin, an welchem möglichst alle Patientinnen und Patienten auf der Abteilung waren (z.B. zu Gruppenstunden, Tagesvorbesprechungen und Essenszeiten). Wir orientierten die zuständigen Mitarbeiterinnen und Mitarbeiter, indem wir uns am vereinbarten Termin eine halbe Stunde für Fragen zur Verfügung stellten. Dank der Vorbereitung der Kranken durch das Klinikpersonal gestaltete sich die Befragung beziehungsweise das Ausfüllenlassen der Fragebögen einfach.

Abteilungsschwestern und -pfleger und/oder zuständiger Arzt sowie Patienten und wir setzten uns in einem Kreis zusammen. Wir stellten uns mit Namen und Funktion vor und erklärten, daß wir die Häufigkeit von Zwangsmedikationen in der PUK untersuchen möchten. Dabei erläuterten wir, daß unter Zwangsmedikationen diejenigen Situationen gemeint sind, in welchen der/die Patient/in Medikamente erhält, obwohl er/sie diese nicht einnehmen wollte. Wir zeigten den kurzen Fragebogen mit den zwei Fragen und gaben den Hinweis, daß in der Studie keine Namen verwendet werden. Die Kranken füllten den Fragebogen aus, und die, welche eine Zwangsmedikation erlebt hatten, erhielten anschließend den langen Fragebogen mit den 14 Fragen.

Wir erfaßten insgesamt 199 Patienten, 98 Männer und 101 Frauen. Damit erreichten wir die Hälfte der Patienten, die zu diesem Zeitpunkt in der Klinik hospitalisiert waren. Das hatte zwei Gründe: Zum einen schlossen wir die alterspsychiatrischen Pflege- und Langzeitabteilungen mit insgesamt 120 Patienten von der Untersuchung aus, weil wir wegen des Gesundheitszustandes der Patienten nicht mit zuverlässigen Angaben rechnen konnten. Zum anderen beruhte die Erfassung auf Freiwilligkeit. Bei Patienten, die ihre Mitarbeit verweigerten, insistierten wir nicht. Außerdem konnten eine Reihe von Akutkranken zum Zeitpunkt der Erhebung ebenfalls nicht befragt werden. Die letzten beiden Gruppen umfassen 81 Patienten.

Der Ablauf der Befragung

Die Befragung löste auf den Abteilungen lebhafte Diskussionen sowohl mit den Kranken wie mit den Behandlungsteams aus. In den Akutabteilungen gab es bei den Vorbesprechungen die Befürchtung, daß das Thema »Zwangsmedikation« bei den Schwerkranken Unruhe und Angst auslösen könnte. Wir entschlossen uns, die Befragung der Patientinnen und Patienten zur Sicherheit in Anwesenheit von Krankenschwestern und -pflegern durchzuführen. In den offenen Akut- und Rehabilitationsabteilungen sowie auf allen Langzeitabteilungen führten wir die Untersuchung teilweise alleine und teilweise mit Hilfe einer Schwester oder eines Pflegers der Abteilung durch.

Im allgemeinen beschrieben die Patientinnen und Patienten, welche eine Zwangsmedikation erlebt hatten, den Ablauf sehr genau und waren erleichtert, darüber sprechen zu können. Wenige konnten sich nicht mehr erinnern, wie die Zwangsmedikation abgelaufen war. In den Diskussionen wurden von den Patienten/innen selten Vorschläge zur Frage der Vermeidbarkeit solcher Situationen gemacht. Unter den Kranken herrschte die Meinung vor, daß es den Ärztinnen und Ärzten und dem Pflegepersonal leicht fallen würde, die Indikation und Durchführung einer Zwangsmedikation anzuordnen. Es wurde erwähnt, daß Zwangsmedikationen auch für das Personal Extremsituationen darstellten.

Bereits vor der Auswertung der gesammelten Daten fielen die unterschiedlichen Häufigkeiten von Zwangsmedikationen je nach Bereich auf. Zum Beispiel gab es im Bereich für Suchtkranke praktisch keine positiven Antworten auf die Frage einer erlebten Zwangsmedikation, während im Langzeitbereich für schizophrene Kranke praktisch jeder einmal eine Medikation gegen den Willen erfahren hatte. Der Zeitaufwand für die Befragung und Diskussion war von Abteilung zu Abteilung sehr unterschiedlich und betrug zwischen 15 und 90 Minuten. Dabei sind die Vorbesprechungen mit den Teams nicht mitgerechnet.

Die Längsschnittuntersuchung

Unser zweiter Untersuchungsschritt bestand in einer retrospektiven Befragung der Klinikpatienten bei der Entlassung. Wir legten den Kranken, die in den Monaten März, April oder Mai 1991 aus der Klinik austraten, einen Fragebogen vor (Anhang). Dabei wollten wir diejenigen Kranken erreichen, die nach der üblichen kurzen Verweildauer entlassen wurden. Die Langzeitabteilungen, insbesondere auch die der Alterspsychiatrie sowie die Spezialabteilungen für geistig Behinderte, wurden deshalb nicht berücksichtigt. Das jeweilige Team und den Abteilungsarzt informierten wir nochmals detailliert über Ziel und Vorgehen der Studie und ließen anschließend einen Stapel Austrittsfragebögen auf der Abteilung zurück. Einem austretenden bzw. kurz vor Austritt stehenden Patienten sollte ein solcher Fragebogen im Beisein des Arztes zum Ausfüllen vorgelegt und anschließend sofort wieder eingesammelt werden. Der Fragebogen enthielt vier Fragen zu einer allfälligen Zwangsmedikation sowie deren Ablauf während der jetzigen und/oder einer früheren Hospitalisation in der PUK. Dem Patienten sollte ausdrücklich mitgeteilt werden, daß diese Umfrage anonym erfolgte und für ihn keinerlei negative Konsequenzen haben würde.

Das durch fortlaufende Numerierung gekennzeichnete, zu jedem Fragebogen zugehörige Deckblatt (Anhang) sollte vom Abteilungsarzt ausgefüllt und an uns zurückgeschickt werden. Es enthielt Angaben zu Alter und Geschlecht des Patienten, Datum des Ausfüllens, Eintritts- und Austrittsdatum, Abteilung, Diagnose, Anzahl Hospitalisationen und die Frage nach der Gabe von Neuroleptika.

Im weiteren Verlauf wurde mehrmals telephonisch daran erinnert, daß die Fragebögen den austretenden Patienten vorgelegt werden sollten. Im ersten Monat der Sammlung (März 1991) erhielten wir bei 123 Austritten aus der PUK 55 ausgefüllte Fragebögen zurück (44,7%). Zum Teil fehlten Angaben zur Diagnose, Abteilung, wievielte Hospitalisation oder Datum, die wir dann telephonisch nachfragten. Im zweiten Monat der Sammlung (April 1991) trafen bei 139 Austritten aus der PUK nur 35 Fragebögen ein (25,2%), die ebenfalls teilweise lückenhaft ausgefüllt und nachzurecherchieren waren. Im dritten und letzten Monat der Sammlung erhielten wir nur noch 22 Fragebögen bei 126 Austritten aus der PUK zurück (17,5%), und zwar unter den bereits erwähnten Umständen.

Die prospektive Untersuchung

In einem weiteren Untersuchungsschritt machten wir uns an die Sammlung und Auswertung der bereits von seiten der Klinik eingeführten Protokolle (»Protokolle über die Medikation gegen den Willen (Zwangsmedikation) und/oder Isolierung«, siehe Anhang) über den Zeitraum von acht Monaten (01.03.–31.10.1991). Bei jeder Zwangsmedikation in der Klinik wird ein solches Protokoll anschließend vom anordnenden Arzt ausgefüllt. Mit Zwangsmedikation ist die Situation gemeint, in welcher ein Patient klar die Medikation ablehnt und sie dennoch unter Druck gegen seinen Willen erhält, im Beisein des anordnenden Arztes. In der Regel sind Psychiatriepfleger oder -schwestern anwesend. Der Assistent hat auf dem Protokoll den psychischen Zustand des Patienten zu beschreiben und die Zwangsmedikation, mit kurzer Beschreibung der Durchführung, zu begründen. Ebenfalls soll eine zusätzliche Isolation und ihre Dauer vom Assistenten angegeben werden. Die Durchsuchung (Sichtkontrolle) des Patienten wird vom Pflegeteam durchgeführt und auf dem Protokoll unterschrieben.

Alle Angaben zu Name, Alter, Geschlecht, Abteilung, Datum, Eintrittsstatus und Ankündigung der Zwangsmedikation sowie Medikamenten und Dosierung plus Anwendung füllt wiederum der Assistent aus. Nebst dem klinikeigenen Merkblatt wurde von uns ein weiteres Merkblatt erstellt und an die Kollegen geschickt.

Die Interviews

In einem vierten Schritt führten wir ergänzend zu den Protokollen zu einem späteren Zeitpunkt ein Interview mit 30 betroffenen Patienten sowie eine Befragung des damals anwesenden Arztes und allenfalls ein weiteres Interview mit einem damals anwesenden Psychiatriepfleger durch. Alle Interviews erfolgten einzeln und mit dem Hinweis auf Anonymität. Die Patienten suchten wir zu einem bedeutend späteren Zeitpunkt nach der erfolgten Zwangsmedikation auf der Abteilung auf, stellten uns als Ärzte der Klinik vor, erklärten Sinn und Vorgehen der Studie und stellten uns für Fragen zur Verfügung. Dabei trugen wir normale Kleidung, keine Ärztekittel. Wir trugen ein Namensschild mit Berufsbezeichnung.

Im weiteren legten wir Wert darauf, das Interview in einer angenehmen Umgebung mit möglichst wenig Störfaktoren durchführen zu können. Meist bot sich dann der Besucherraum oder ein Arztbüro an. Die Patienten waren je nach Gesundheitszustand mehr oder weniger in der Lage, sich zu konzentrieren und ein Gespräch über das heikle Thema auszuhalten.

Die Interviews wurden anhand von zwei halbstrukturierten Fragebögen durchgeführt (Anhang):

- Halbstrukturierter Fragebogen für das Interview mit dem Patienten nach einer Zwangsmedikation.
- Halbstrukturierter Fragebogen für das Interview mit Arzt oder Bezugsperson nach einer Zwangsmedikation.

Die Fragebögen wurden absichtlich möglichst offen gehalten, weil wir nicht durch zu starke Vorstrukturierung Gefahr laufen wollten, spontane Antworten der Kranken zu verhindern und damit wichtige Informationen zu verlieren.

4 Stichpunkterhebung bei 199 stationären psychiatrischen Patienten

Eine erste Annäherung an das Problem der Zwangsmedikation haben wir über eine Stichpunkterhebung geleistet. Dafür haben wir einen Querschnitt der anwesenden Patienten erfaßt. Es liegt auf der Hand, daß dabei andere Ergebnisse zu erwarten sind, als bei der Untersuchung neu aufgenommener oder entlassener Kranker. Im Rahmen einer Stichpunkterhebung werden Akut- und Langzeitkranke erfaßt, Patientinnen und Patienten, die gerade erst aufgenommen worden sind, und solche, die Jahrzehnte in der Klinik verbracht haben.

Von den rund 2000 Behandlungsepisoden, die die Klinik jährlich bewältigt, sind bei durchschnittlich 400 belegten Behandlungsplätzen (Stand 1991) in einer Stichpunkterhebung mit einem Untersuchungszeitraum von vier Wochen nur die zur Zeit der Untersuchung anwesenden Patienten zu erfassen. Es handelt sich mithin um eine »Bestandsanalyse«. Dabei sind Kranke mit langer Verweildauer entsprechend stark überrepräsentiert. Etwa ein Viertel aller Untersuchten in der Querschnittsuntersuchung waren auf Langzeitstationen hospitalisiert (26%).

Die Stichpunkterhebung erlaubt mithin nur beschränkte Aussagen über die Art und die Häufigkeit der Zwangsmedikation bezogen auf die Zahl der in einem Jahr behandelten Patienten. Dennoch sind Erkenntnisse über die jeweils anwesenden Kranken, die im Laufe ihrer Krankheitsgeschichte eine Zwangsmedikation erlitten haben, von Belang. Denn sie prägen das Bewußtsein und die Kultur einer Institution im Umgang mit der Zwangsbehandlung in hohem Maße.

Die Ergebnisse der Stichpunkterhebung werden in folgender Reihenfolge dargestellt:

1. Zunächst werden soziodemografische und klinische Merkmale der gesamten untersuchten Patientengruppe beschrieben (Abschnitt 1).

2. Danach werden die erfaßten Patientinnen und Patienten vier Gruppen zugeordnet: Kranke, die eine Zwangsmedikation erfahren haben
   - nur beim ersten Aufenthalt,
   - beim jetzigen und früheren Aufenthalten,
   - nur bei früheren Hospitalisationen,
   - nie

   (Abschnitt 2).
3. In einem weiteren Schritt werden die soziodemografischen und klinischen Variablen von verschiedenen Sub-Gruppen miteinander verglichen:
   - Zwangsmedikation beim jetzigen Aufenthalt gegenüber Zwangsmedikation nie,
   - Zwangsmedikation irgendwann gegenüber Zwangsmedikation nie.

   (Abschnitt 3).

Abschnitt 1 – Die untersuchten Patienten

Im Juni 1991 sind 400 Patientinnen und Patienten in der PUK behandelt worden. Auf 17 Stationen und in der Tagesklinik der Psychiatrischen Universitätsklinik Basel wurden mittels Fragebogen 199 Patienten über ihre Erfahrungen mit einer abgelaufenen Zwangsmedikation untersucht.

Nicht erfaßt wurden die 120 Patientinnen und Patienten der alterspsychiatrischen Langzeit- und Pflegeabteilungen sowie die 40 Patienten des Geistig-Behinderten-Bereiches. Nicht berücksichtigt wurden ferner solche Kranken, die die Befragung verweigerten und solche, deren Gesundheitszustand eine Befragung während des Erhebungszeitraums nicht erlaubte – insgesamt 41 Patienten.

Unter den verbliebenen 199 Patienten waren 53 Bewohner und Bewohnerinnen von Langzeitabteilungen. 25 Kranke wurden zum Zeitpunkt der Untersuchung auf der alterspsychiatrischen Akutstation behandelt.

Es handelte sich bei den untersuchten Patienten um 101 Frauen und 98 Männer.

Das Alter aller Patienten/innen lag zwischen 18 und 91 Jahren, der Altersmittelwert bei 49 +/- 18 Jahren. Der Altersmittelwert der Männer lag bei 47 +/- 16 Jahren, der der Frauen bei 51 +/- 19 Jahren. Die Patientinnen waren signifikant älter als die Patienten ($p<.05$).

28% der Patienten/innen waren zum ersten Mal in der PUK hospitalisiert und 31% befanden sich zum zweiten bis fünften mal in der Klinik. Einzelne waren mehr als 40 mal hospitalisiert.

Anzahl der Hospitalisationen	Anzahl der Patienten/innen	%
1	55	28
2	16	8
3–5	45	23
6–10	44	22
mehr als 10	39	19

Tab. 1: *Häufigkeit der psychiatrischen Hospitalisationen*

Die psychischen Erkrankungen der 199 Patienten/innen wurden diagnostisch klassifiziert mit Hilfe des Diagnosenschlüssels und Glossars psychiatrischer Erkrankungen der WHO (International Classification of Diseases, ICD, 9. Revision). Die Diagnose wurde von den behandelnden Ärzten/innen gestellt.

Rund 50% der Patienten litten danach an einer Psychose aus dem schizophrenen Formenkreis, an paranoiden Syndromen sowie anderen nicht organischen Psychosen.

Affektive Psychosen waren in einem Prozentsatz von 12% vertreten. 14% der Patienten waren alkohol-, medikamenten- und/oder drogenabhängig und 7,5% aller Patienten litten an einer organischen Psychose. Neurosen, Persönlichkeitsstörungen und psychogene Reaktionen wurden bei 10% aller Kranken diagnostiziert. Seltener vorkommende Erkrankungen sind Debilität, Epilepsie, demyelinisierende Krankheiten, Alkoholpsychosen, vorübergehende organische Psychosen und andere chronisch organische Psychosen. Diese betrugen zusammen 8% aller gestellten Diagnosen. Bei jedem Patienten wurde nur die Erstdiagnose berücksichtigt.

145 Personen (72%) erhielten Neuroleptika, die übrigen 54 keine oder andere Medikamente. Dabei bestanden keine Unterschiede im Hinblick auf das Geschlecht oder Alter der Patienten.

ICD–9 Kode Nr.	Diagnosen	Anzahl der Patienten/innen	%
290	Senile und präsenile organische Psychosen	11	6
295,297	Schizophrene Psychosen, paranoide Syndrome	100	50
296	Affektive Psychosen	24	12
300,301,309	Neurosen, Persönlichkeitsstörungen, psychogene Reaktion	20	10
303	Alkoholabhängigkeit	20	10
304	Medikamenten und/oder Drogenabhängigkeit	8	4
317	Leichter Schwachsinn	8	4
Andere		8	4

Tab. 2: *Diagnosen der bei der Querschnittsuntersuchung erfaßten Patienten.*

Abschnitt 2 – Die Untergruppen

Zwangsbehandelte und nicht zwangsbehandelte Patientinnen und Patienten

62 der 199 Patienten (31%) berichteten, sie seien im Laufe ihrer psychiatrischen Karriere zwangsmediziert worden. 161 Patientinnen und Patienten (81%) beantworteten die Frage, ob sie während ihres *jetzigen* Aufenthaltes in der PUK irgendwann einmal gegen ihren ausdrücklichen Willen mit Medikamenten behandelt worden seien, mit nein. 38 (19%) wurden nach ihren Angaben zwangsbehandelt. Weitere 24 Patienten (12%) waren bei früheren Hospitalisationen zwangsmediziert worden. Der Anteil der Zwangsmedi-

zierten im Gesamtkollektiv erhöht sich von 31% auf 35%, wenn man die Auswertung auf die mehrfach hospitalisierten Patienten bezieht.

Zur weiteren Differenzierung der Zwangsmedikation während des jetzigen oder eines früheren Aufenthaltes haben wir die in Tab. 3 angegebene Gruppenaufteilung vorgenommen.

Gruppen Nr.	Gruppen Definition	Anzahl Patienten	%
Gruppe 1	Zwangsmedikation nur während des aktuellen Aufenthaltes	27	14
Gruppe 2	Zwangsmedikation während des aktuellen und während eines früheren Aufenthaltes	11	5
Gruppe 3	Zwangsmedikation nur während eines früheren Aufenthaltes	24	12
Gruppe 4	Nie eine Zwangsmedikation erhalten	139	69

Tab. 3: *Aufteilung der Patienten in die verschiedenen Behandlungsgruppen bezüglich Zwangsmedikation*

Zwangsmedikation nur während des jetzigen Aufenthaltes

Die Gruppe bestand aus 27 Personen, 14 Männern und 13 Frauen. Das mittlere Alter für Männer betrug 45 +/- 12 Jahre, das der Frauen 43 +/- 16 Jahre (t=.28, df=22, p: ns).

Männer waren signifikant häufiger hospitalisiert als Frauen (Mittelwert: Männer 13 +/- 10, Frauen 5 +/- 4. t=2.9, df=17, p<.02). 88% der Kranken aus dieser Gruppe litten an einer Psychose aus dem schizophrenen Formenkreis (Tab. 4).

14 Männer und zehn Frauen erhielten zum Zeitpunkt der Befragung Neuroleptika.

Zwangsmedikation bei der jetzigen und bei früheren Hospitalisationen

Sowohl jetzt als auch früher zwangsmediziert worden zu sein, gaben sechs Männer und fünf Frauen an. Das mittlere Alter der Männer war 34 +/- 14 Jahre, das der Frauen 46 +/- 23 Jahre (t=1.04, df=6, p: ns).

Männer waren im Durchschnitt neun mal, Frauen drei mal hospitalisiert. Wegen der starken Streuung sind diese Unterschiede nicht statistisch signifikant (t=.7, df=5, p: ns).

Die Diagnose einer schizophrenen Psychose wurde bei drei, die Diagnosen Affektive Psychose, Persönlichkeitsstörung und Debilität bei jeweils zwei Patienten gestellt (Tab. 4).

Nur zwei der elf Patienten dieser Gruppe erhielten keine Neuroleptika (jeweils ein Mann und eine Frau). Die Merkmalskumulation deutet darauf hin, daß es sich um eine kleine Gruppe von Kranken mit spezifischen Problemen handelt, denen wir im Rahmen dieser Untersuchung nicht im einzelnen nachgehen können.

Zwangsmedikation nur bei früheren Aufenthalten

In dieser Gruppe waren 24 Patienten, 13 Männer und elf Frauen. Die Männer waren im Durchschnitt 48 +/- 13, die Frauen 42 +/- 16 Jahre alt (t=.95, df=19, p: ns).

Die Männer waren im Mittel 16 +/- 13 mal hospitalisiert und damit signifikant häufiger als die Frauen mit 7 +/- 5 mal (t=2.2, df=16, p<.05).

16 Patienten/innen dieser Gruppe litten an einer schizophrenen Psychose, drei an einer affektiven Psychose, zwei an einer Persönlichkeitsstörung sowie je einer an Drogen- oder Medikamentenabhängigkeit und an einer psychogenen Reaktion (Tab. 4).

21 Patienten erhielten Neuroleptika.

Keine Zwangsmedikation

In dieser Gruppe waren 65 Männern und 72 Frauen. Der Altersmittelwert der Männer lag bei 48 +/- 17 Jahren, der der Frauen bei 55 +/- 19 Jahren. Die Frauen waren signifikant älter als die Männer (t= 2.3, df=135, p<.03). Männer und Frauen waren beide im Mittel sechs mal hospitalisiert.

15% der Gruppe litt an Alkoholkrankheiten und 5% an Medikamenten- und/oder Drogenabhängigkeit. 37% erhielten die Diagnose einer schizophrenen, 13% einer affektiven Psychose (Tab. 4). Obwohl der Anteil der Patienten mit schizophrenen Erkrankungen in dieser Gruppe gerade bei 41% lag, erhielten auch hier zwei Drittel Neuroleptika, wobei keine Unterschiede zwischen Männern und Frauen vorhanden waren.

ICD–9 Kode Nr.	Diagnosen	Anzahl Pat. (%) aufgeteilt nach Gruppen (Definition siehe Tab. 3)			
		1	2	3	4
290	Senile und präsenile organische Psychosen	1 (4)			10 (7)
295, 297, 298	Schizophrene Psychosen, paranoide Syndrome	24 (88)	3 (27)	17 (71)	56 (41)
296	Affektive Psychosen	1 (4)	2 (18)	3 (13)	18 (13)
300, 301, 309	Neurosen, Persönlichkeitsstörungen, psychogene Reaktion		3 (27)	3 (13)	14 (10)
303	Alkoholabhängigkeit				20 (15)
304	Medikamenten- und/oder Drogenabhängigkeit			1 (4)	7 (5)
317	Leichter Schwachsinn		2 (18)		6 (4)
Andere		1 (4)	1(9)		6 (4)

Tab. 4: *Zusammenfassende Kennzeichnung der einzelnen Gruppen*

Abschnitt 3 – Vergleichende Untersuchungen

Um den Unterschied zwischen zwangsbehandelten und nicht zwangsbehandelten Patienten näher zu untersuchen, wurde eine neue Gruppengegenüberstellung vorgenommen:

a) Patienten, die während des aktuellen Aufenthaltes zwangsmediziert wurden gegenüber Patienten, die weder jetzt noch früher zwangsmediziert wurden.

b) Patienten, die entweder jetzt oder früher oder jetzt und früher zwangsbehandelt wurden gegenüber Patienten, die weder jetzt noch früher zwangsbehandelt wurden.

Unter b) sind sinnvollerweise alle zwangsmedizierten Patienten in einer Gruppe zusammengefaßt. Dies umfaßt allerdings auch jene Patienten, die nur während eines früheren Aufenthaltes zwangsmediziert wurden. Bei der Erfassung dieser Patienten sind jedoch verschiedene methodische Probleme zu berücksichtigen (Erinnerungsartefakte, verschiedene Behandlungsgewohnheiten früher und heute usw.). Deshalb wurde zusätzlich der Gruppenvergleich wie unter a) beschrieben vorgenommen. Dieser erfaßt nicht alle zwangsmedizierten Patienten, liefert dafür aber durch Minderung der methodischen Artefakte validere Daten.

Zwangsmedikation jetzt (»Jetztgruppe«) gegen Zwangsmedikation nie (»Niegruppe«)

Die Jetztgruppe bestand aus 38 Kranken, 20 Männern und 18 Frauen. Die Niegruppe umfaßte 137 Kranke, davon 65 Männer und 72 Frauen. Die Geschlechtsverteilung war nicht signifikant unterschiedlich (Chi^2=.9, df=1, p: ns).

Die Jetztgruppe war mit 43 +/- 16 Jahren jünger als die Niegruppe mit 52 +/- 19 Jahren (t=2.7, df=68, p<.01).

Die Hospitalisationshäufigkeit der beiden Gruppen unterschied sich kaum (Mittelwerte: Jetztgruppe 8 +/- 9, Niegruppe 6 +/- 7, t=1.3, df=48, p: ns).

Demgegenüber erhielt die Gruppe der Zwangsmedizierten signifikant häufiger ein Neuroleptikum als fest angesetztes Medikament. Nur fünf von 38 Zwangsmedizierten erhielten keine Neuroleptika gegenüber 46 von 137 der Niegruppe (Chi^2=46, df=1, p<.001).

In der Jetztgruppe waren keine Patienten mit Alkohol- oder Medikamentenabhängigkeit, weniger Patienten mit affektiven Psychosen und mehr schizophrene Patienten als in der Niegruppe.

Jemals Zwangsmedikation (»Zwangsgruppe«) gegen Zwangsmedikation nie (»Niegruppe«)

Bei einem Vergleich der Zwangsgruppe mit der Niegruppe war das Geschlechterverhältnis etwa gleich (Zwangsgruppe: 33 Männer und 29 Frauen, Niegruppe: 65 Männer, 72 Frauen). Die Patienten/innen, die irgendwann einmal eine Zwangsmedikation erlebt hatten, waren signifikant jünger als die Personen aus der Vergleichsgruppe (Mittelwerte: Zwangsgruppe 44 +/- 15 Jahre, Niegruppe 51 +/- 18 Jahre, t=2.9, df=141, p<.005).

Die Patienten der Zwangsgruppe wurden signifikant häufiger hospitalisiert (9 +/- 10 mal gegenüber 5 +/- 7 mal, t=2.5, df=87, p<.02).

Die Patienten der Zwangsgruppe erhielten signifikant häufiger Neuroleptika als die anderen Kranken (54 von 62 gegenüber 91 von 137, Chi^2=8.2, df=1, p<.005). Eine Zusammenfassung der Daten findet sich in Tab 5.

		Nie Zwangs-medikation	Irgendwann Zwangs-medikation	Statistik
Geschlecht	Frauen	72	29	n.s.
	Männer	65	33	
Altersmittelwert		51 +/- 18	44 +/- 15	p<.005
Mittlere Anzahl Hospitalisationen		6 +/- 7	9 +/- 10	p<.02
Neuroleptika	ja	91	54	p<.005
	nein	46	8	

Tab. 5: *Zusammenfassung der Gruppenunterschiede zwischen Patienten mit und ohne Zwangsbehandlung*

Die Diagnosenverteilung der beiden Vergleichsgruppen ist in Tab. 6 (s. S. 67) aufgezeigt. Die Abbildung 1 (s. S. 66) zeigt den Vergleich der beiden Gruppen grafisch.

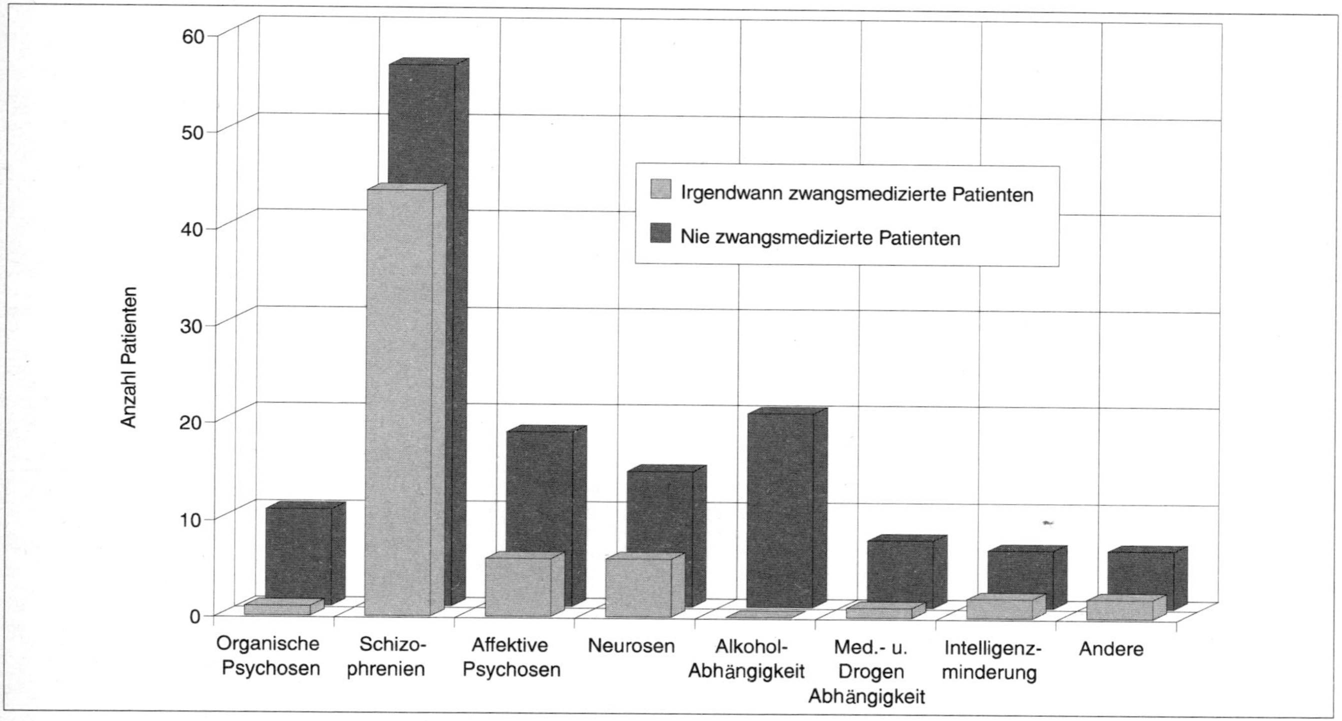

Abb. 1: *Diagnosenverteilung der Patienten mit und ohne Zwangsbehandlung*

ICD–9 Kode Nr.	Diagnosen	Nie zwangs-med. Patienten Anzahl (%)	Irgendwann zwangsmed. Pat. Anzahl (%)
290	Senile und präsenile organische Psychosen	10 (7)	1 (2)
295, 297, 298	Schizophrene Psychosen, paranoide Syndrome	56 (41)	44 (71)
296	Affektive Psychosen	18 (13)	6 (10)
300, 301, 309	Neurosen, Persönlichkeits-störungen, psychog. Reakt.	14 (10)	6 (11)
303	Alkoholabhängigkeit	20 (15)	0
304	Medikam.u./o.Drogenabh.	7 (5)	1 (2)
317	Leichter Schwachsinn	6 (4)	2 (3)
Andere		6 (4)	2 (3)

Tab. 6: *Diagnosenverteilung der Patienten mit und ohne Zwangsbehandlung*

Die Diagnose schizophrene Psychose war in der Zwangsgruppe fast doppelt so häufig wie in der Niegruppe. Die affektiven Psychosen waren in beiden Gruppen gleich häufig vertreten. Alkoholkrankheiten kamen in der Zwangsgruppe nicht vor, in der Niegruppe zu 15%.

Zusammenfassung

Im Rahmen einer Stichpunkterhebung befragten wir 199 von 400 Akut- und Langzeitpatienten der Psychiatrischen Universitätsklinik Basel nach ihren Erfahrungen mit medikamentöser Zwangsbehandlung. Es handelte sich um 101 Frauen und 98 Männer im Durchschnittsalter von 49 Jahren. Die meisten von ihnen (72%) befanden sich nicht zum ersten Mal in der Klinik; zwei Fünftel (39%) blickten auf sechs und mehr Hospitalisierungen zurück. Die Hälfte litt an Psychosen aus dem schizophrenen Formenkreis, 12% an affektiven Psychosen, 6% an organischen Psychosen. Bei

10% waren Neurosen oder Persönlichkeitsstörungen diagnostiziert worden. 10% waren alkoholkrank, 4% medikamenten- oder drogenabhängig.

62 (31%) der 199 Kranken – 29 Frauen – berichteten über Erfahrungen mit Zwangsmedikation, davon 39 (19%) auch während des derzeitigen Klinikaufenthaltes. Die Patienten mit Zwangsmedikationserfahrungen litten deutlich häufiger an schizophrenen Psychosen als die übrigen Kranken (71% gegenüber 41%). Sie erhielten häufiger Neuroleptika (87% gegenüber 67%). Sie waren jünger und bemerkenswerterweise seltener hospitalisiert als die anderen.

Stellt man die beiden Gruppen einander unmittelbar gegenüber, so wird deutlich, daß fast jeder zweite Schizophrene, jeder vierte Patient mit einer affektiven Psychose, aber kein Alkoholkranker und – mit Ausnahme einer auffälligen Gruppe von persönlichkeitsgestörten Patienten – nur selten Kranke mit anderen Diagnosen einer Zwangsbehandlung unterworfen worden sind.

5 Ergänzende Befragung der zwangsmedizierten Kranken aus der Stichpunkterhebung

Allen jenen Patientinnen und Patienten, die bei der Stichpunkterhebung angegeben hatten, jemals einer Medikamentenbehandlung gegen ihren Willen unterworfen worden zu sein, wurde, wie im Methodenkapitel ausgeführt, ein ergänzender Fragebogen vorgelegt. Acht der 62 Kranken verweigerten die Mitarbeit. Die folgenden Ausführungen stützen sich somit auf die Antworten von 54 Patientinnen und Patienten.

Aufnahmemodus: Freiwilligkeit und Fürsorgerischer Freiheitsentzug bei Patienten mit Zwangsmedikation

34 der 54 Patientinnen und Patienten (63%) waren ursprünglich freiwillig zur Aufnahme gekommen, 20 (37%) kamen auf Veranlassung des Gerichtsarztes. Freiwillig aufgenommen worden waren 20 von 30 Männern und 14 von 24 Frauen. Die freiwilligen Patienten waren im Durchschnitt 41, die unfreiwilligen 47 Jahre alt. Die freiwilligen waren im Durchschnitt zum neunten, die unfreiwilligen zum zehnten mal in der Klinik. Diese Unterschiede sind nicht signifikant.

Betrachtet man die diagnostische Zusammensetzung, so ergibt sich folgendes Bild: 65% der freiwilligen und 75% der zwangseingewiesenen Patienten litten an Psychosen aus dem schizophrenen Formenkreis, jeweils 15% der freiwilligen und 5% der zwangseingewiesenen an affektiven Psychosen und ebensoviele an Neurosen und Persönlichkeitsstörungen.

Alle Kranken, die gerichtsärztlich eingewiesen wurden, erhielten zum Zeitpunkt der Befragung Neuroleptika, in der Gruppe der freiwillig Eingetretenen waren dies sechs von 34.

ICD–9 Kode Nr.	Diagnosen	Anzahl Patienten	
		GA	Freiw.
295, 297	Schizophrene Psychosen, paranoide Syndrome	16	22
296	Affektive Psychosen	1	5
300, 301,309	Neurosen, Persönlichkeitsstörungen, psychogene Reaktion	1	5
304	Medikamenten und/oder Drogenabhängigkeit	–	1
317	Leichter Schwachsinn	2	–
Andere		1	1

Tab. 7: *Diagnostische Zuordnung der Patienten mit gerichtsärztlicher Einweisung (GA) und freiwilliger Aufnahme (Freiw.)*

Begleitumstände der Zwangsmedikation

Angedrohte Folgen der Medikamentenverweigerung

Vor der durchgeführten Zwangsmedikation wurden einigen Patienten im Falle einer Verweigerung der Medikamenteneinnahme Konsequenzen angedroht: Bei 17 Patienten/innen (31%) nach ihren Angaben keine Ankündigung von Folgen, bei den übrigen 34 Personen Ausgangssperre (13 mal) und/oder Isolation (13 mal) und/oder Zwangsspritze (28 mal).

Applikationsart

17 Patienten/innen (33%) äußerten, das Medikament als Tablette oder Tropfen und 36 Personen (67%) als Injektion erhalten zu haben. Von den oral medizierten Patienten waren zwölf Männer und sechs Frauen, von den mit Injektionen Behandelten 18 Männer und 18 Frauen. Frauen erhielten also häufiger eine parenterale Zwangsmedikation als Männer (Chi^2=6, df=1, p<.02).

Die Kranken, die die Zwangsmedikation intramuskulär erhalten haben, waren signifikant älter als jene, die die Medikamente oral eingenommen haben ($t=2.2$, $df=34$, $p<.04$). Der Altersmittelwert bei den Erstgenannten beträgt 47 +/- 15 Jahre, der Mittelwert der 2. Gruppe 37 +/- 15 Jahre.

Der Unterschied in der Anzahl Hospitalisationen ist wegen der großen Streuung nicht signifikant (mittlere Anzahl bei Personen mit oraler Zwangsmedikation sechs, mit intramuskulären Applikationen elf Hospitalisationen).

Von den 54 untersuchten zwangsmedizierten Patienten wurde bei 35 (65%) eine Schizophrenie diagnostiziert. Von diesen wurden 25 intramuskulär zwangsmediziert, zehn erhielten eine orale Medikation.

Anzahl anwesender Personen

Die Anzahl der bei einer Zwangsmedikation anwesenden Personen gibt einen Hinweis auf die Bedrohlichkeit der Situation. Der Charakter der Medikation gegen den Willen des Patienten wird unterschiedlich sein, wenn nur eine Person oder sechs oder mehr anwesend sind. 13 Patienten/innen wußten nicht mehr, wieviele Personen (Krankenpfleger/-schwestern, Ärzte/innen) während der Zwangsbehandlung anwesend waren. Neun berichteten über die Anwesenheit einer Person, sieben über zwei, fünf über drei, sechs über vier, drei über fünf und elf über sechs oder mehr anwesende Therapeutinnen und Therapeuten.

Es gab keine signifikanten Unterschiede bezüglich der Anzahl bei einer Zwangsmedikation anwesenden Personen zwischen männlichen und weiblichen Patienten. Die Häufigkeit der bei der Zwangsmedikation anwesenden Personen in den verschiedenen Diagnosegruppen der Patienten zeigt Tabelle 8.

ICD-9 Kode Nr.	Zahl der bei der Zwangsmedikation Anwesenden						
	1	2	3	4	5	6 u. mehr	unbekannt
295	4	4		3	2	6	9
297					1		
296	1	1	1			2	1
300, 301, 309	2			2		1	1
304		1					
317	1						1
Andere						2	

Tab. 8: *Anzahl der bei einer Zwangsmedikation außer dem Patienten anwesenden Personen*

Anwendung von körperlicher Gewalt

30 Patienten/innen (56%) berichteten, während der Zwangsmedikation festgehalten worden zu sein. 24 Personen (44%) verneinten diese Frage. Die Häufigkeit körperlicher Zwangsanwendung war bei männlichen und weiblichen Patienten gleich (Festgehalten: 17 Männer, 13 Frauen. Kein körperlicher Zwang: 13 Männer, elf Frauen). Auch im Hinblick auf die Hospitalisationshäufigkeit gab es keine signifikanten Unterschiede.

Von den Patienten mit schizophrenen und paranoiden Psychosen wurden 22 festgehalten, 15 nicht. Auffällig ist, daß bei vier von fünf manisch Kranken körperliche Gewalt eingesetzt wurde.

Zusätzliche Isolierung

Eine Isolierung bedeutet einen Aufenthalt in einem speziellen Raum bei verschlossener Türe und kontinuierlicher Überwachung. Zusätzlich zur Zwangsmedikation wurde bei 14 von 30 Männern und 13 von 22 Frauen (zwei fehlende Angaben) eine Isolierung durchgeführt. Der Unterschied ist nicht signifkant.

Es gab auch keine statistisch signifikanten Unterschiede zwischen Patienten mit und ohne zusätzliche Isolierung bezüglich der Variablen Alter, Hospitalisations-Häufigkeit, Häufigkeit der Neuroleptikagabe und der diagnostischen Zuordnung.

Sichtweise und Beurteilung der Kranken

Die Patienten, die eine Zwangsmedikation erlebten, wurden gefragt: »Warum verweigerten Sie Medikamenteneinnahme?«. Es wurden sechs Antwortmöglichkeiten vorgegeben. Dabei waren Mehrfachantworten möglich. Die Antworten auf die Frage sind in Tabelle 9 zusammengefaßt. Sehr häufig nannten Patienten als Grund für die Medikamentenverweigerung, daß sie sich nicht krank oder nicht verstanden fühlten.

Antwortauswahl	Antworthäufigkeit (%)	
	ja	nein
Ich fühlte mich nicht krank	20 (37)	34 (63)
Ich hatte Angst vor Nebenwirkungen	16 (30)	38 (70)
Das vorgeschlagene Medikament hatte früher nicht gewirkt	5 (9)	49 (91)
Ein anderes Medikament hätte ich eingenommen	11 (20)	43 (80)
Ich fühlte mich von Arzt/Bezugsperson nicht verstanden	17 (31)	37 (69)
Andere Gründe	24 (44)	30 (56)

Tab. 9: *Angaben der Patienten, warum sie die Medikation nicht freiwillig eingenommen haben*

Vermeidbarkeit der Zwangsmedikation aus Sicht der Kranken

Die Frage, ob man die Zwangsmedikation hätte vermeiden können, beantworteten 41 Patienten/innen (76%) mit ja und 13 (24%) mit nein. Sieben Antwortmöglichkeiten (Mehrfachantworten waren erlaubt) waren auf die Frage »Wie wäre die Zwangsmedikation vermeidbar gewesen?« vorgegeben. Die Antworten der Patienten sind in der Tabelle 10 zusammengefaßt.

Antwortauswahl	Antworthäufigkeit (%)	
	ja	nein
Gespräch mit dem Arzt	22 (41)	32 (59)
Gespräch mit der Bezugsperson	17 (31)	37 (69)
Gespräch mit Arzt und Angehörigen/Freunden	11 (20)	43 (80)
Rückzugsmöglichkeit in ein Zimmer	8 (15)	46 (85)
Entspannung unter Anleitung eines Therapeuten	11 (20)	43 (80)
Spazierengehen oder andere körperliche Betätigung	14 (26)	40 (74)
Andere Gründe	17 (31)	37 (69)

Tab. 10: *Antworten der Patienten auf die Frage: »Wie wäre die Zwangsmedikation vermeidbar gewesen?«*

Ein vermehrtes Gesprächsangebot sowie die Möglichkeit, körperlich aktiv sein zu dürfen, wurden von den Patienten am häufigsten als Alternativen zu der durchgeführten Zwangmedikation genannt. Bemerkenswert ist, daß insgesamt dreiviertel der Patienten angaben, daß die bei ihnen durchgeführte Zwangsmedikation bei Anwendung entsprechender Alternativen vermeidbar gewesen wäre.

Erleben und Einstellung der Patienten/innen zur Zwangsmedikation

Es muß aufhorchen lassen, daß zwei Fünftel der Kranken die Zwangsmedikation als schwere Demütigung und Kränkung erlebt haben, ein Drittel als Strafe. Dagegen stehen nur 13%, die die Medikation als »Erlösung« erlebten. Hier wird möglicherweise ein Mangel der Befragung deutlich, weil der Begriff der »Erlösung« untauglich ist. Das mag daran sichtbar werden, daß ein Drittel der Kranken die Antwort »Anderes« wählten. Immerhin ist auch festzuhalten, daß drei Fünftel der Kranken die Zwangsmedikation nicht als schwere Demütigung und Kränkung und mehr als zwei Drittel nicht als Strafe erlebten.

Antwortauswahl	Antworthäufigkeit (%)	
	ja	nein
Als schwere Demütigung und Kränkung	21 (39)	33 (61)
Als Strafe	17 (31)	37 (69)
Als Erlösung	7 (13)	47 (87)
Anderes	17 (31)	37 (69)

Tab. 11: *Antworten auf die Frage: »Wie haben Sie die Zwangsmedikation erlebt?«*

Auch in der rückblickenden Einschätzung der Notwendigkeit der Zwangsmedikation überwog bei den Patienten ein negatives Urteil. Es wurde gefragt: »Wie ist rückblickend Ihre Einstellung zur Zwangsmedikation?« Dabei waren fünf Antworten vorgegeben. Zwei Fünftel der Kranken hielten die Zwangsbehandlung auch in der Rückschau für sinnlos. Nur ein Drittel gab an, daß sie Erleichterung gebracht habe und nur ein Sechstel hielt sie im Rückblick für notwendig.

Antwortauswahl	Antworthäufigkeit (%)	
	ja	nein
War sinnlos	24 (44)	30 (60)
War im Moment schrecklich, aber brachte Erleichterung	18 (33)	36 (67)
War nötig	10 (18)	44 (82)
War schlimmer als Isolation	11 (20)	43 (80)
War weniger schlimm als Isolation	7 (13)	47 (87)

Tab. 12: *Antworten auf die Frage: »Wie ist rückblickend Ihre Einstellung zur Zwangsmedikation?«*

Solche Befragungen sind aus vielerlei methodologischen Gründen problematisch. Zentrales Problem im Hinblick auf die Stichpunkterhebung sind die großen Unterschiede der befragten Patienten. Weder in bezug auf die Diagnose, die Akuität der Erkrankung noch in Hinsicht auf soziale und klinische Variablen handelt es sich um eine homogene Stichprobe. Hinzu kommen Erinnerungsartefakte, da bei vielen der Patienten die Erfahrungen mit der Zwangsmedikation über Jahre zurückliegen. Die Befragung der Patienten bei ihrer Entlassung über den aktuellen Klinikaufenthalt versucht die Erinnerungsprobleme zu minimieren. Ergebnisse dieses Untersuchungsansatzes sind in Kapitel 6 dargestellt. In der prospektiven Untersuchung (Kapitel 7) werden die übrigen methodischen Artefakte weiter reduziert. Trotz allem ist der hier zunächst gewählte Ansatz aber in der Lage, einen ersten Eindruck über den Stellenwert einer Zwangsmedikation im Erleben der betroffenen Patienten zu geben.

Zusammenfassung

Die Ergebnisse der ergänzenden Befragung stützen sich auf die Erinnerung der Kranken. Sie berücksichtigt die Antworten von 54 Patienten, 30 Männer und 24 Frauen. Acht weitere verweigerten die Mitarbeit. Da das untersuchte Geschehen bei vielen längere Zeit zurücklag – bei mehr als einem Drittel betraf es eine frühere Hospitalisation – sind Ungenauigkeiten und Irrtümer im Einzelfall nicht auszuschließen. Dennoch sind die Ergebnisse aussagekräftig und in mancher Hinsicht bemerkenswert:

Zwei Drittel (63%) der zwangsmedizierten Kranken waren ursprünglich freiwillig in die Klinik gekommen. Ein Drittel (31%) erinnerte sich nicht, daß der Zwangsmaßnahme Vorankündigung, Vorandrohung oder Vorverhandlung vorangegangen war.

Ein Drittel der Kranken (33%) nahm die Medikamente unter Druck oral in Tabletten- oder Tropfenform ein. Bei den übrigen wurden intramuskuläre Injektionen vorgenommen. Bei einem Drittel (37%) waren zwei oder weniger Personen anwesend. Körperliche Gewalt wurde bei mehr als der Hälfte (56%) eingesetzt, darunter bei vier von fünf manisch Kranken und 22 von 37 Schizophreniekranken (60%). Eine zusätzliche Isolierung wurde bei der Hälfte der Kranken durchgeführt.

Die Medikamentenverweigerung begründeten die Kranken mit fehlendem Krankheitsgefühl (37%), mangelndem Verständnis von seiten der Therapeuten (31%), Angst vor Nebenwirkungen (30%). Darüber hinaus wurden als Antwort auf die offen formulierte

Frage, die Mehrfachantworten erlaubte, vielfältige weitere Gründe genannt. Drei Viertel der Kranken (76%) meinten in der Rückschau, die Zwangsmedikation wäre vermeidbar gewesen – durch ein Gespräch mit dem Arzt (41%), durch Gespräche mit den Bezugspersonen (31%) oder durch Gespräche mit Angehörigen und Freunden (20%). Desweiteren wurden körperliche Betätigung, Entspannung unter therapeutischer Anleitung, räumlicher Rückzug und andere Möglichkeiten genannt.

Die meisten Kranken erlebten die Zwangsmedikation auch aus der Rückschau negativ: zwei Fünftel (39%) als schwere Demütigung und Kränkung, fast ein Drittel (31%) als Strafe. Zwei Fünftel hielten sie auch retrospektiv für sinnlos. Nur ein Drittel gab an, daß sie Erleichterung gebracht habe. Auch wenn man in Betracht zieht, wie problematisch eine solche Befragung bei einer so unterschiedlich zusammengesetzten Patientengruppe ist, muß man doch festhalten, daß die subjektive Haltung der befragten Patienten ganz überwiegend negativ war.

6 Befragung der Patientinnen und Patienten bei der Entlassung

In den Kapiteln 4 und 5 wurden einige methodologische Probleme bei der Durchführung einer Stichpunkterhebung diskutiert. Neben den erwähnten Erinnerungsartefakten handelt es sich besonders um Selektionsprobleme. Patienten, die sehr lange in der Klinik behandelt werden, kommen alle in eine solche Stichpunkterhebung, während von den vielen akut Kranken, die im Jahr in der Klinik hospitalisiert sind, nur diejenigen untersucht werden, die im Stichpunktzeitraum (in unserem Fall ein Monat) auf einer der Stationen behandelt werden. Diese Überrepräsentation von chronisch Kranken beeinflußt die Ergebnisse in der Stichpunkterhebung.

Untersucht man dagegen die Patienten, die in einem bestimmten Zeitraum aufgenommen oder entlassen werden, wird durch dieses Design eine Patientengruppe untersucht, die sich von der Stichpunktuntersuchung erheblich unterscheidet. Im Unterschied zum dort gewählten Ansatz werden hier chronisch Kranke kaum erfaßt, da sie auch in einem breiter gewählten Zeitintervall nicht entlassen werden, andererseits werden die akut Kranken in einer Anzahl erfaßt, die repräsentativ für die im Jahr entlassenen Patienten ist. Beide Vorgehensweisen haben also Vor- und Nachteile. Zur Untersuchung des Problems der Zwangsmedikationen haben wir uns zur Durchführung beider Ansätze entschieden. Die Ergebnisse sollten komplementär gesehen werden.

In der Entlassungsuntersuchung wurden alle Patienten erfaßt, die im Zeitraum vom 1. März bis zum 31. Mai 1991 aus der Psychiatrischen Universitätsklinik Basel entlassen wurden. Bei einer solchen Untersuchung stellen sich andere methodische Probleme als bei einer Stichpunktuntersuchung. Insbesondere ist damit zu rechnen, daß die Rücklaufquote von kurz vor der Entlassung verteilten Fragebögen gering ist. Viele Patienten sind froh, die Krankheit und damit auch die Psychiatrische Klinik hinter sich lassen zu können. Die Motivation, noch kurz vor der Entlassung an einer Befragung teilzunehmen, die noch dazu solch heikle Themen wie die Zwanganwendung berührt, ist gering. Dieses und andere Probleme führen dazu, daß nur ein Teil der Patienten untersucht werden kann und möglicherweise auch eine spezielle Selektion (zum Beispiel der besonders forschungsfreundlichen oder auch der besonders verärgerten Patienten) stattfindet. Tatsächlich war die Rücklaufquote der Entlassungsuntersuchung enttäuschend und die erwähnten methodischen Probleme müssen bei der Interpretation der Ergebnisse berücksichtigt werden.

Rücklaufquote

Im gewählten Untersuchungszeitraum von März bis Mai 91 wurden insgesamt 388 Patienten entlassen. Von den an diese Patienten ausgegebenen Fragebögen wurden 112 Austrittsfragebögen zurückgeschickt. Damit erreichte die Rücklauf-Quote knapp 30% und lag unter unseren Erwartungen.

Mögliche Gründe für den geringen Rücklauf könnten sein:

- Viele Patienten wollten in der Austrittssituation zu diesem heiklen Thema nicht mehr Stellung nehmen.
- Im Suchtbereich (Rücklaufquote 14% bei 100 Entlassungen) traten Patienten oft vor dem geplanten Therapieende aus, also bevor die Befragung hätte stattfinden können.
- Die Befragung der Patienten vor Austritt war eine zusätzliche Arbeitsbelastung der Assistenten/innen. Sie gehörte nicht in den gewohnten Austrittsablauf, war in der kurzen Zeitspanne noch nicht zur Routine geworden und wurde deshalb oft vergessen. Am Beginn der Befragung wurde versucht, dies durch wiederkehrende Hinweise auf die Studie in Konferenzen zu kompensieren. Dies fand im Mai nicht mehr statt. Daß dies auch ein Grund für den geringen Rücklauf ist, zeigt die Tatsache, daß die Rücklaufquote im letzten Monat erheblich gegenüber den Vormonaten abnahm.
- Erhebungsartefakte: Da auf den Austrittslisten nur die Todesfälle speziell gekennzeichnet sind, sich sonst aber keine Angaben über die Austrittsgründe finden, sind in der Zahl von 388 entlassenen Patienten auch kurzfristige Kriseninterventionen oder Verlegungen von Patienten in andere Kliniken als reguläre Austritte enthalten. Diese sollten aber in der Untersuchung nicht befragt werden.

Die untersuchte Patientengruppe

Die 112 mittels Austrittsfragebogen untersuchten Patienten waren alle seit 1990 oder 1991 bis zur Untersuchung im Studienzeitraum März bis Mai unterschiedlich lange hospitalisiert. Es handelte sich um 56 Männer und 56 Frauen. Der Altersmittelwert lag bei 43 +/- 16 Jahren, dabei fielen vereinzelte hohe Werte auf. Der Median betrug 40 Jahre, der Range reichte von 20 – 86 Jahre. Die Männer (38 +/- 14 Jahre) waren signifikant jünger als die Frauen (48 +/- 17 Jahre) (t=-3.49, df=105, p<.002).

Das Spektrum der Diagnosen umfaßte organische und andere Psychosen, Neurosen, Persönlichkeitsstörungen, Verhaltensstörungen und Suchtkrankheiten. Die Abbildung 2 (s. S. 82) zeigt die Anzahl der in der Studie erfaßten Patienten im Vergleich mit dem Anteil der Diagnosegruppen unter den Entlassenen im ganzen Jahr 1991.

Die Abbildung 3 (s. S. 83) vermittelt einen Überblick über die relative Häufigkeit der Erstdiagnosen bei den erfaßten Patienten im Vergleich zu den im gesamten Jahr 1991 aus der Klinik entlassenen Patienten. Diese wurden dabei gleich 100% gesetzt.

Dabei wird sichtbar, daß Patienten mit schizophrenen oder affektiven Pychosen in der Untersuchungspopulation überrepräsentiert sind.

Die durchschnittliche Hospitalisationsdauer in der untersuchten Stichprobe betrug 48 Tage. Bedingt durch einzelne hohe Werte (Ausreißer) lag der Median niedriger (30 Tage) und ist vermutlich das aussagekräftigere Mittelwertsmaß. Der Median für die Gesamtklinik liegt bei 21 Tagen.

Im Mittel waren die Patienten vor ihrem jetzigen Aufenthalt fünf mal hospitalisiert. Auch hierbei gab es einige Ausreißer mit sehr vielen früheren Hospitalisationen. Der Median lag bei zwei früheren stationären Aufenthalten. 45 Patienten waren zum erstenmal hospitalisiert, 14 Patienten zum zweiten und 13 Patienten zum drittenmal. Je vier bis sechs Patienten hatten vier bis elf frühere Hospitalisationen. Einzelne waren zum 13. bis 53. mal hospitalisiert. 59 der 112 Patienten (52%) erhielten zum Zeitpunkt der Untersuchung Neuroleptika.

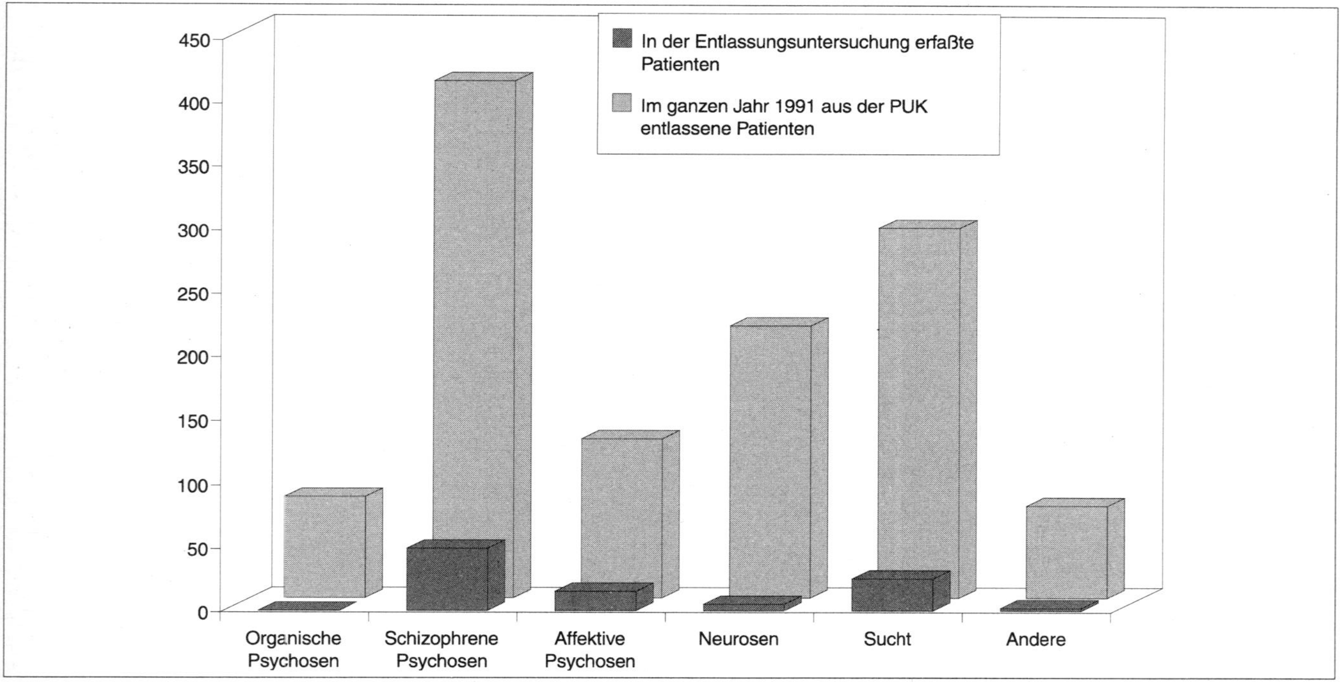

Abb. 2: *Diagnostische Zuordnung aller im Jahr 1991 aus der PUK entlassenen Patienten und entsprechender Anteil der in der Entlassungsstudie erfaßten Patienten*

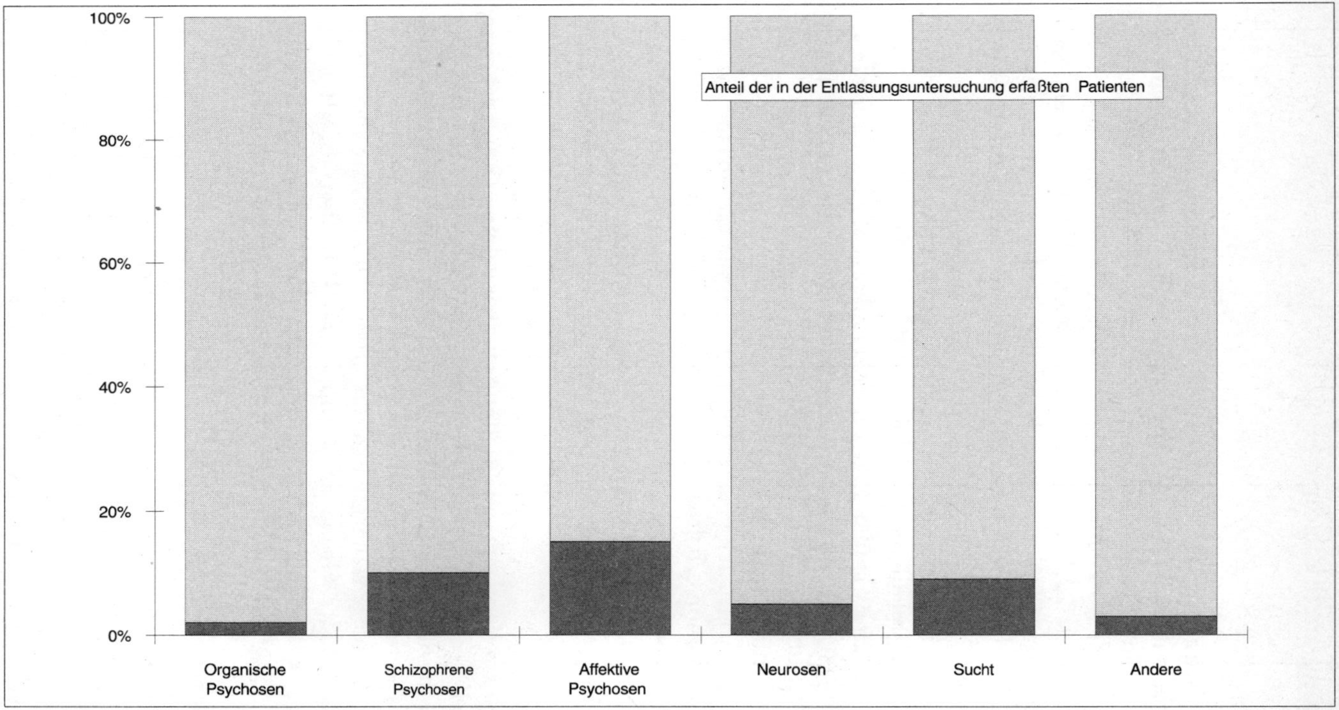

Abb. 3: *Prozentualer Anteil der in der Studie erfaßten Patienten an allen 1991 entlassenen Patienten*

Zwangsmedikation

Häufigkeit der Zwangsmedikationen

Die Befragung der 112 Kranken zum Zeitpunkt der Entlassung ergab, daß während des abgelaufenen Krankenhausaufenthaltes immerhin 14 Patientinnen und Patienten (12%) berichteten, gegen ihren Willen mit Medikamenten behandelt worden zu sein. Fast ein Viertel (22,3%) gab an, irgendwann einmal während einer stationären psychiatrischen Behandlung einer Zwangsmedikation unterworfen gewesen zu sein. Im einzelnen stellen sich die Ergebnisse hierzu wie folgt dar:

- 78% (87 Patienten: 41 Männer, 46 Frauen) hatten nie eine Zwangsmedikation erhalten.
- 22% (25 Patienten: 15 Männer, zehn Frauen) hatten irgendwann einmal eine Zwangsmedikation erhalten, also ca. ein Fünftel aller untersuchten Patienten.
- 5% (fünf Patienten: ein Mann, vier Frauen) hatten sowohl in der jetzigen als auch in einer früheren Hospitalisation eine Zwangsmedikation erhalten.
- 8% (neun Patienten: fünf Männer, vier Frauen) hatten nur in der jetzigen Hospitalisation eine Zwangsmedikation erhalten.
- 10% (elf Patienten: sieben Männer, vier Frauen) hatten nur in einer früheren Hospitalisation eine Zwangsmedikation erhalten.

In einem Vergleich zur Stichpunktuntersuchung (Kapitel 4) wird eine Folge der bereits problematisierten Stichprobenauswahl deutlich. Bei der Stichpunktuntersuchung sind chronisch Kranke überrepräsentiert. Diese haben erwartungsgemäß häufiger irgendwann einmal eine Zwangsmedikation erlebt. Dies erklärt den Unterschied in der Größe der Gruppe von Patienten, die jetzt oder früher einmal eine Medikation gegen ihren Willen erlebt haben (31% gegenüber 22% in der Entlassungsuntersuchung).

Gruppenvergleich

Vergleicht man die jemals zwangsmedizierten (Gruppe 2) mit den nie zwangsmedizierten Patienten (Gruppe 1), ergeben sich folgende Befunde: Die zwangsmedizierten waren mit durchschnittlich 36 +/- 11 Jahren, Median 34, signifikant jünger als die nicht zwangsmedizierten Patienten mit einem Mittelwert von 45 +/- 17

Jahren, Median 42 (t=3.06, df=58, p<.004). Dagegen ergeben sich in der Geschlechterverteilung keine signifikanten Unterschiede. (Zwangsgruppe: 15 Männer, zehn Frauen. Niegruppe: 41 Männer, 46 Frauen. Chi^2=0.8, df=1, p: ns).

Die Diagnosenverteilung zeigt eine signifikante Häufung von Psychosen aus dem schizophrenen Formenkreis unter den zwangsbehandelten Kranken. In der Tabelle 13 werden die Diagnosen der beiden Gruppen einander gegenübergestellt.

ICD-9 Kode Nr.	Diagnosen	Zwangs-medizierte Patienten	Nicht zwangs-medizierte Patienten
295	Schizophrene Psychosen	23	24
296	Affektive Psychosen	1	20
300, 301	Neurosen, Persönlichkeitsstörungen, psychogene Reaktion	–	11
303, 304, 309	Sucht	1	32
302, 305	Andere	–	3

Tab. 13: *Diagnostische Zuordnung der zwangsmedizierten und nicht zwangsmedizierten Patienten*

Die mittlere Hospitalisationsdauer war bei zwangsmedizierten (Mittelwert: 45 Tage) und nicht zwangsmedizierten Patienten (Mittelwert: 49 Tage) nicht signifikant unterschiedlich. Auch die Anzahl Hospitalisationen war bei zwangsmedizierten (Mittelwert: 8) und nicht zwangsmedizierten Patienten (Mittelwert: 5) nicht signifikant verschieden.

In der Gruppe der Zwangsmedizierten erhielten 22 von 25 Patienten zum Zeitpunkt der Untersuchung Neuroleptika (88%) und damit signifikant mehr als bei den nicht zwangsmedizierten Patienten mit 50 von 87 Patienten (57%) (Chi^2=14, df=1, p<.001).

Bedingungen der Zwangsmedikation

Über die Bedingungen der Zwangsmedikation (Ankündigung von Maßnahmen bei Medikamentenverweigerung und Applikationsform der Zwangsmedikation) wurden nur die 14 Kranken befragt, die während der jetzigen Hospitalisation gegen ihren Willen Medikamente erhalten hatten. Dazu wurden wie in Kapitel 5, Abschnitt 2, die Kategorien übernommen, die in den Zwangsmedikationsprotokollen enthalten waren. Dabei gaben sieben Patienten an, die Medikation sei durch Ankündigung von Zwang oder Isolation erfolgt, fünf erinnerten sich an die Anwendung von körperlicher Gewalt (z.B. Festhalten) und einer an die Ankündigung von empfindlichen Nachteilen (z.B. Sperrung von Ausgang oder Urlaub). Ein Patient machte keine Angaben.

Das Medikament erhielten sieben Patienten oral als Tablette oder Tropfen und sechs intramuskulär. Auch hier fehlen die Angaben bei einem Patienten.

Zusammenfassung

In den Monaten März, April und Mai 1991 wurden 112 von 388 Patientinnen und Patienten anläßlich der Entlassung aus der Psychiatrischen Universitätsklinik Basel nach ihren Erfahrungen mit Zwangsmedikationen befragt. In der untersuchten Patientenpopulation waren Kranke mit schizophrenen und affektiven Psychosen und Kranke mit einer größeren Verweildauer aufgrund design-bedingter Selektionsmechanismen überrepräsentiert. Da schizophrene und manisch Kranke relativ häufiger von Zwangsmaßnahmen betroffen waren als Patientinnen und Patienten mit anderen Störungen, ist mit einer entsprechenden Verzerrung der Ergebnisse zu rechnen:

15 Männer und zehn Frauen (zusammen 22%) gaben an, sie seien im Laufe ihrer Psychiatriekarriere mindestens einmal gegen ihren Willen mit Medikamenten behandelt worden. 14 (13%), davon acht Frauen, berichteten über eine Zwangsmedikation während der jetzigen Hospitalisation. Für fünf von ihnen war es eine Wiederholung der Erfahrung aus früheren Krankenhausaufenthalten. Elf Kranke (davon vier Frauen) waren ausschließlich bei früheren Krankenhausaufenthalten zwangsbehandelt worden.

Diagnostisch waren die schizophrenen Kranken unter den Zwangsbehandelten (25 gegenüber 87 nicht Zwangsmedizierten) signifikant überrepräsentiert. Mit zwei Ausnahmen betrafen alle Zwangsbehandlungen Schizophrene, obwohl die Gruppe der Kranken mit anderen Diagnosen drei Fünftel (59%) der Untersuchungspopulation ausmachte. Mit anderen Worten: Jeder zweite Schizophrene war irgendwann einmal zwangsmediziert worden, aber nur jeder 30. Patient mit einer anderen psychischen Störung; bezogen auf die letzte Hospitalisation war es jeder vierte schizophrene Kranke. Diese Ergebnisse lassen sich im Hinblick auf die Selektion bei der Erfassung der Untersuchungspopulation nur mit großer Zurückhaltung und unter Vorbehalten verallgemeinern.

7 Die prospektive Untersuchung

In der Stichpunkt- sowie in der Entlassungsuntersuchung wurden die Daten über die Zwangsmedikation ausschließlich durch Befragung der Patienten gewonnen. In unserer dritten Annäherung an das Problem Zwangsmedikation griffen wir auf Protokolle zurück, die seit einigen Jahren bei jeder Zwangsbehandlung von Kranken in der Klinik erstellt werden müssen. Sie ermöglichen die nachträgliche Überprüfung und Beurteilung von Indikation und Begründung der Zwangsmedikation sowie der Vorgänge während der Zwangsanwendung. Damit dienen sie dem Schutz der Kranken vor Willkür und fachlichen Fehlern und zugleich der Absicherung von Klinikmitarbeiterinnen und -mitarbeitern bei Beschwerden und Anschuldigungen. Sie haben als Bestandteil der Krankengeschichte rechtsverbindlichen Charakter. Die Protokolle werden unmittelbar im Anschluß an eine Zwangsbehandlung erstellt. Ihre Sammlung und Sichtung im Rahmen der Studie erfolgte unmittelbar nach dem jeweiligen Ereignis.

Im Zeitraum vom 1.3.1991 bis 31.10.1991 wurden in der PUK 62 Patienten auf der Grundlage des nach einer Zwangsmedikation erstellten Protokolls untersucht. Es handelt sich um 31 Männer und 31 Frauen. In dieser Zeit wurden insgesamt 1082 Kranke zur stationären Behandlung und 200 zur Krisenintervention aufgenommen. Der Anteil der zwangsbehandelten Kranken umfaßte somit 5,7%, unter Einschluß der Krisenpatienten 4,8%.

Die Untersuchungspopulation

Von den 62 Kranken, bei denen im Zeitraum zwischen dem 1. März und dem 31. Oktober 1991 eine Zwangsmedikation durchgeführt und durch Protokoll dokumentiert wurde, waren 31 Frauen und 31 Männer. Sie waren durchschnittlich 39 +/- 14 Jahre alt (range von 18 bis 82, Median 39 Jahre). Der Mittelwert lag damit ebenso hoch wie jener der Gesamtheit aller Entlassungen aus der Klinik im gleichen Jahr. Die genaue Altersverteilung ist der Abbildung 4 zu entnehmen (s. S. 91).

Bei den Diagnosen standen die Psychosen aus dem schizophrenen Formenkreis mit 79% ganz im Vordergrund. Bei den Frauen betrug der Anteil sogar über 90%. Demgegenüber lag der Anteil der schizophrenen Psychosen unter den Entlassungen aus der Klinik im Jahr 1991 lediglich bei 28%. Auch die Manien waren unter den zwangsmedizierten Patienten mit 10,2% gegenüber 1,8% unter allen entlassenen Patienten überrepräsentiert. Alle anderen Diagnosen waren unter den zwangsmedizierten Patienten dagegen nur schwach vertreten. Hinter der Rubrik »Andere« verbergen sich ein Kranker mit der Diagnose »Leichte geistige Behinderung« und ein zweiter mit der Diagnose »Epilepsie«. Einzelheiten vermittelt die Tabelle 14.

ICD-9 Kode Nr.	Diagnosen	N	%	Männer	Frauen
295, 297	Schizophrene Psychosen, paranoide Syndrome	49	79	20	30
296	Affektive Psychosen	5	8	3	2
300, 301, 309	Neurosen, Persönlichkeitsstörungen, psychogene Reaktion	4	6	3	1
303	Alkoholabhängigkeit	2	3	2	–
302, 305	Andere	2	3	2	–

Tab. 14: *Diagnosenverteilung der zwangsmedizierten Patienten der prospektiven Studie*

Im Vergleich zu der Verteilung aller in der PUK behandelten Patienten in den einzelnen Diagnosegruppen ergibt sich der Sachverhalt, daß 16% aller in die Klinik aufgenommenen schizophrenen Patienten zwangsmediziert wurden, 20% aller Patienten mit affektiven Psychosen (in diesem Fall Manien), 12,4% aller Patienten mit Neurosen und Persönlichkeitsstörungen, 10,4% aller Pa-

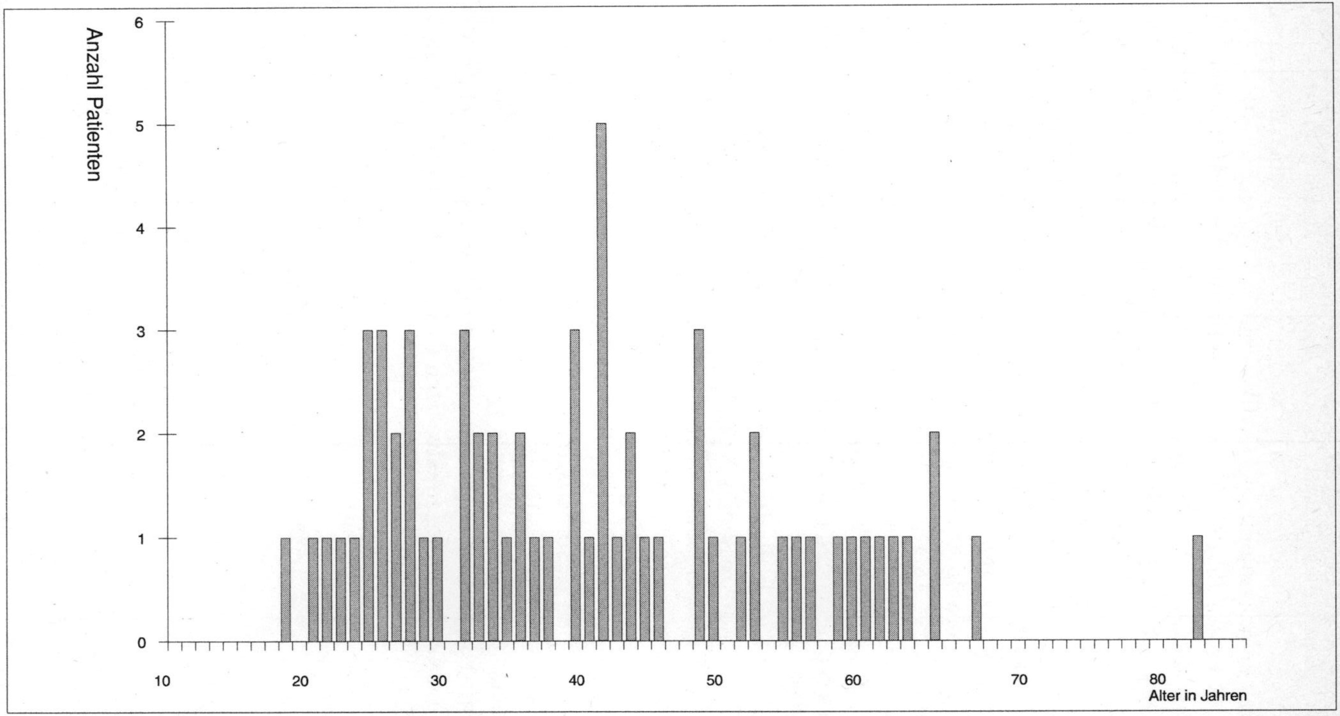

Abb. 4: *Altersverteilung der zwangsmedizierten Patienten der prospektiven Untersuchung*

tienten mit Alkoholabhängigkeit und 3,3% aller Patienten mit anderen Diagnosen. Von den Patienten mit organischen Psychosen erhielt keiner eine Zwangsmedikation.

Die Hospitalisationsdauer des aktuellen Aufenthaltes von der Aufnahme bis zur Entlassung (nicht bis zur Zwangsmedikation!) lag bei den erfaßten Kranken zwischen 1 und 632 Tagen. Die mittlere Hospitalisationsdauer betrug 54 Tage. Die Variable Hospitalisationsdauer war asymmetrisch verteilt. Einige Ausreißer mit langer Hospitalisationsdauer bedingen, daß der Median das aussagekräftige Mittelwertsmaß war: Er betrug 29 Tage bei den Zwangsmedizierten gegenüber 20 Tagen in der Gesamtklinik.

Die durchschnittliche Dauer vom Eintritt bis zur Zwangsmedikation betrug 18 Tage. Dieser Wert verzerrt das Bild durch einige Ausreißer jedoch vollständig: der Median betrug nur zwei Tage. Das heißt, daß die Zwangsmedikation bei mehr als der Hälfte aller Patienten am ersten oder zweiten Tag ihres stationären Aufenthaltes stattfand.

In der Klinik gilt die Regel, daß Zwangsmaßnahmen gegenüber Patienten nur in akuten Notsituationen zur Abwehr von Gefahr für den Patienten oder Andere durchgeführt werden dürfen. In der Regel haben sie zur Voraussetzung, daß ein Kranker wegen psychischer Störung in seiner Urteilsfähigkeit beeinträchtigt ist, und er sich unfreiwillig in der Klinik befindet, oder daß die Bedingungen für einen fürsorgerischen Freiheitsentzug vorliegen. Tatsächlich war die Einweisung bei drei Viertel der Kranken durch den Gerichtsarzt erfolgt. Weitere 5% fanden sich aufgrund einer strafrechtlichen Maßnahme in der Klinik. Immerhin war aber ein knappes Viertel der zwangsmedizierten Patienten ursprünglich freiwillig zur Aufnahme gekommen.

Die Häufigkeit der Zwangsmedikation

Bei den erfaßten 62 Kranken wurden 121 Zwangsmaßnahmen durchgeführt. Danach wurden 48 Kranke nur einmal, 14 mehrfach gegen ihren Willen einer Medikamentenbehandlung unterzogen.

Von den 121 Zwangsmedikationen wurden 80 an Frauen und 41 an Männern durchgeführt. Von den sechs der 31 erfaßten Männer, die mehrfach zwangsbehandelt wurden, wurden fünf zweimal und einer sechsmal zwangsmediziert. Bei den Frauen ergibt sich ein komplexeres Bild. 25 Frauen wurden je einmal zwangsmediziert, zwei Frauen zwei mal. Je eine Frau erhielt drei mal, vier mal, sechs mal, sieben mal, 14 mal und 19 mal eine Zwangsmedikation.

Zusammenfassend wurden also gleich viele Männer wie Frauen zwangsmediziert, doch die Häufigkeit der einzelnen Zwangsmedikationen war bei Frauen größer. Die Abbildung 5 (s. S. 94) zeigt diese Unterschiede.

Die Abteilungen, auf denen die Zwangsmedikationen durchgeführt wurden

Von den an 62 Personen durchgeführten 121 Zwangsmedikationen fanden 90% in den geschlossenen Akut- und Aufnahmeabteilungen (H1, H3, H4) statt. Auffallend selten erlebten Patienten/innen über 65 Jahre eine Zwangsmedikation (Gerontopsychiatrische geschlossene Aufnahme- und Akutabteilung H2). Die Tabelle 15 zeigt im einzelnen, auf welchen Abteilungen Zwangsmedikationen stattfanden.

Abteilung	H1	H2	H3	H4	H5	H6	H7	Tkl
N Zwangsmedizierte Patienten	38	2	10	8	1	1	1	1
% aller zwangsmed. Patienten	62	3	16	13	2	2	2	2
N einzelne Zwangsbehandlungen	51	4	30	32	1	1	1	1
% aller Zwangsbehandlungen	42	3	25	26	1	1	1	1

Tab. 15: *Abteilungen, auf denen die Zwangsmedikationen durchgeführt wurden (Beschreibung der Stationen siehe Text)*

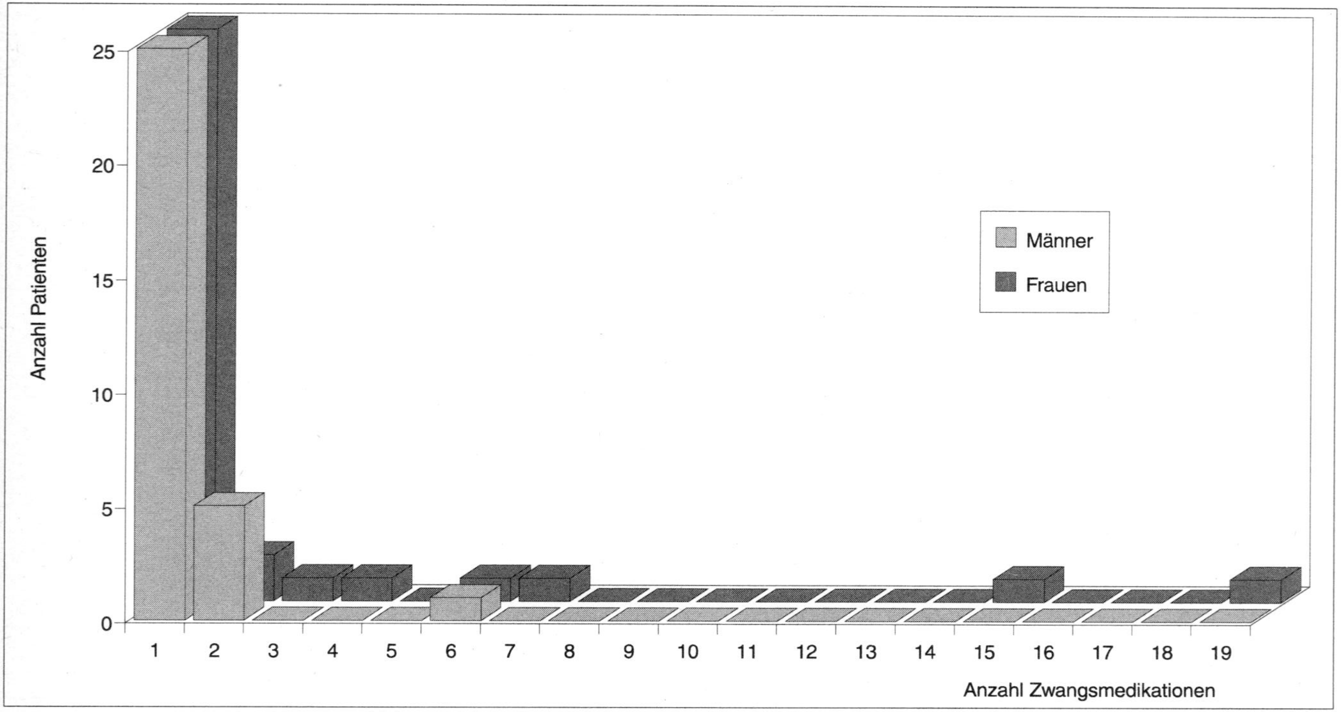

Abb. 5: *Verschiedene Anzahl von Mehrfach-Zwangsmedikationen bei Männern und Frauen*

Noch seltener erfuhren Patienten/innen in offenen Akut- und Rehabilitationsabteilungen (H6, H7) Zwangsmedikationen. In der Spezialabteilung für depressiv kranke Menschen (H5) erfolgte wie in der Tagesklinik (Tkl) ebenfalls nur eine Zwangsbehandlung. Auch dies ist eine Folge davon, daß Zwangsmedikationen meistens zu Beginn der Hospitalisation durchgeführt werden.

Der zeitliche Rahmen

Wann und unter welchen Bedingungen erfolgt die Behandlung von psychisch Kranken gegen ihren Willen? Zur Beantwortung dieser Frage mit den Daten der prospektiven Untersuchung wurde zunächst der zeitliche Rahmen analysiert, in dem die Zwangsmedikationen stattfanden. Im einzelnen wurde untersucht: Wann wird in zeitlicher Relation zur Aufnahme zwangsmediziert, wie oft erfolgt die Medikation in welchem Zeitraum? Zu welcher Tageszeit erfolgen Zwangsmedikationen? Gibt es jahreszeitliche Schwankungen in der Häufigkeit von Zwangsmedikationen?

Zwangsmedikation nach der Aufnahme

Die Zwangsmedikation fand wie oben beschrieben häufig am Eintrittstag oder am zweiten Hospitalisationstag statt. Dieser Befund legt die Hypothese nahe, daß die Zwangsmedikation vor allem im Zusammenhang mit einer turbulenten Eintrittssituation bei hochpsychotischen, krankheitsuneinsichtigen und bisher nicht suffizient behandelten Patienten angewendet werden mußte.

Tatsächlich wurden 24 Patienten am Eintrittstag und 19 Patienten am zweiten Tag des stationären Aufenthaltes zwangsmediziert. Vier Patienten erhielten die Medikation gegen ihren Willen am dritten Tag und zwei am vierten Tag. Je ein Patient wurde am siebten, achten, neunten, 28., 31., 32., 46., 88., 97., 142., 525. Hospitalisationstag und zwei Patienten am 37. Hospitalisationstag zwangsmediziert.

Zirka ein Drittel der Patienten erhielt damit die Zwangsmedikation am Eintrittstag, ein Drittel am zweiten Tag und ein Drittel nach dem zweiten Tag. Männer und Frauen unterschieden sich dabei nicht signifikant.

Tageszeit der Zwangsmedikation

Die Frage nach der Tageszeit, zu der eine Medikation gegen den Willen des Kranken gegeben wird, ist aus verschiedenen Gründen von besonderem Interesse. Zum einen ist bekannt, daß die Ausschüttung von Neurotransmittern einer tagesrhythmischen Schwankung unterliegt. Gleiches gilt für klinische Variablen, wie zum Beispiel Konzentration und Vigilanz. Es ist durchaus möglich, daß die circadiane Schwankung dieser biologischen Parameter auch auf eine tagesrhythmische Schwankung der Akuität von Psychosen und /oder der Neigung zu aggressiven Handlungen beim Patienten schließen läßt. Andererseits ist auch davon auszugehen, daß die Entscheidung der Verantwortungsträger zu einer Zwangsmedikation eher zu einer Tageszeit fällt, in der eine gute Stationsbesetzung gewährleistet ist, als zum Beispiel mitten in der Nacht, wo man möglicherweise den mit einer Zwangsmedikation verbundenen Aufwand für die Therapeuten so weit wie möglich vermeidet. Doch auch die umgekehrte Hypothese ist denkbar. Eine Zwangsmedikation kann möglicherweise bei guter Stationsbesetzung durch alternative Maßnahmen vermieden werden (Beruhigung der Patienten im Gespräch, körperliche Aktivität, mehr Zeit, um den Patienten von der freiwilligen Einnahme zu überzeugen usw.). Auch kann die Verteilung der Zwangsmedikation, bzw. die Häufung zu bestimmten Zeiten, Hinweise darauf liefern, ob es sich um eine unaufschiebbare Notmaßnahme oder eine vorbereitete und länger geplante Handlung handelt, die dann vermutlich während der Routinedienstzeiten stattfinden wird.

Für die Auswertung der Uhrzeit, zu der die Zwangsmedikation stattgefunden hatte, wurde der Tag in zwölf mal Zwei-Stunden-Intervalle aufgeteilt. In Abbildung 6 (s. S. 97) werden die Häufigkeiten der Zwangsmedikationen zu einer bestimmten Uhrzeit ersichtlich, die aus den 121 Protokollen hervorgingen.

Eine Häufung von Zwangsmedikationen ergibt sich danach zwischen 08.00 und 14.00 Uhr sowie erneut zwischen 18.00 und 20.00 Uhr. Eine ähnliche Häufung zwischen 10.00 und 14.00 Uhr als auch zwischen 16.00 und 20.00 Uhr tritt bei der Betrachtung der ersten erfolgten Zwangsmedikation auf (im Unterschied zu Abbildung 6 wird dabei nicht jede Zwangsanwendung, sondern jeder Patient nur einmal mit seiner jeweils ersten Zwangsmedikation erfaßt).

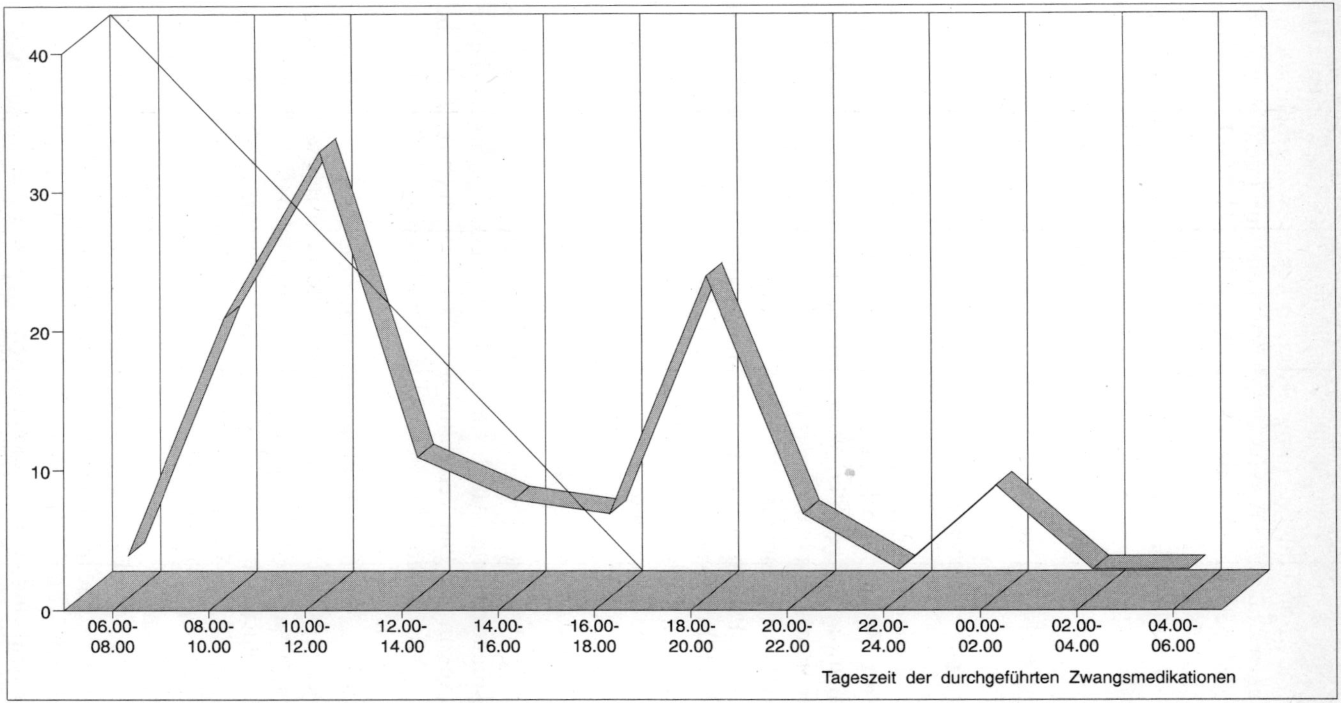

Abb. 6: *Tageszeit (Zwei-Stunden-Intervalle), zu der die Zwangsmedikationen durchgeführt wurden.*

Vergleicht man Frauen und Männer miteinander, fällt auf, daß bei Frauen im Untersuchungszeitraum keine Zwangsbehandlung zwischen 22.00 Uhr und 06.00 Uhr morgens durchgeführt wurde, dagegen aber bei acht (mehr als 25%) Männern. Die Häufungen zwischen 08.00 Uhr und 12.00 Uhr sowie 18.00 Uhr und 20.00 Uhr, sowohl bei der Auswertung auf Patientenebene, wie auch auf Protokollebene (alle Zwangsmedikationen), könnte darauf hinweisen, daß es sich bei den durchgeführten Maßnahmen in der Regel um geplante und vorbereitete Interventionen und nicht um unaufschiebbare Notmaßnahmen handelte.

Zeitspanne zwischen erster und letzer Zwangsmedikation

Die 14 Patientinnen und Patienten, die im Untersuchungszeitraum mehrere Zwangsmedikationen erlebten, erhielten maximal drei Medikationen gegen den Willen an ein und demselben Tag. Die Zeitspanne zwischen erster und letzter Zwangsmedikation bei demselben Patienten lag zwischen einem und 56 Tagen.

Bei 14 Patienten wurde eine mehrmalige Zwangsmedikation durchgeführt. Insgesamt handelte es sich dabei um 73 Zwangsmedikationen. 10 von den 14 Patienten/innen mit mehrmaliger Zwangsmedikation wurden in den ersten drei Wochen behandelt.

Jahreszeitliche Verteilung der Zwangsmedikationen

Ähnliche Argumente wie für die Analyse nach tageszeitlichen Gesichtspunkten gelten auch für die Untersuchung jahreszeitlicher Schwankungen. Die Verteilung der Zwangsmedikationen auf die acht untersuchten Monate ist den Abbildungen 7, 8 und 9 zu entnehmen.

Dabei zeigen die Abbildungen 7 und 8 die Analyse auf Patientenebene (jeder Patient ist nur einmal und zwar mit seiner jeweils ersten Zwangsmedikation vertreten). In Abbildung 7 (s. S. 99) sind die Absolutwerte der zwangsbehandelten Patienten pro Monat der Gesamtzahl der in den einzelnen Monaten aufgenommenen Patienten gegenübergestellt.

Durchschnittlich 135 Eintritten pro erfaßtem Monat stehen im Mittel 15 durchgeführte Zwangsbehandlungen und fast acht zwangsbehandelte Patienten gegenüber. Dies entspricht einem Anteil von durchschnittlich 6% zwangsbehandelten Patienten. Auffallend sind aber die monatlichen Unterschiede. Um diese nä-

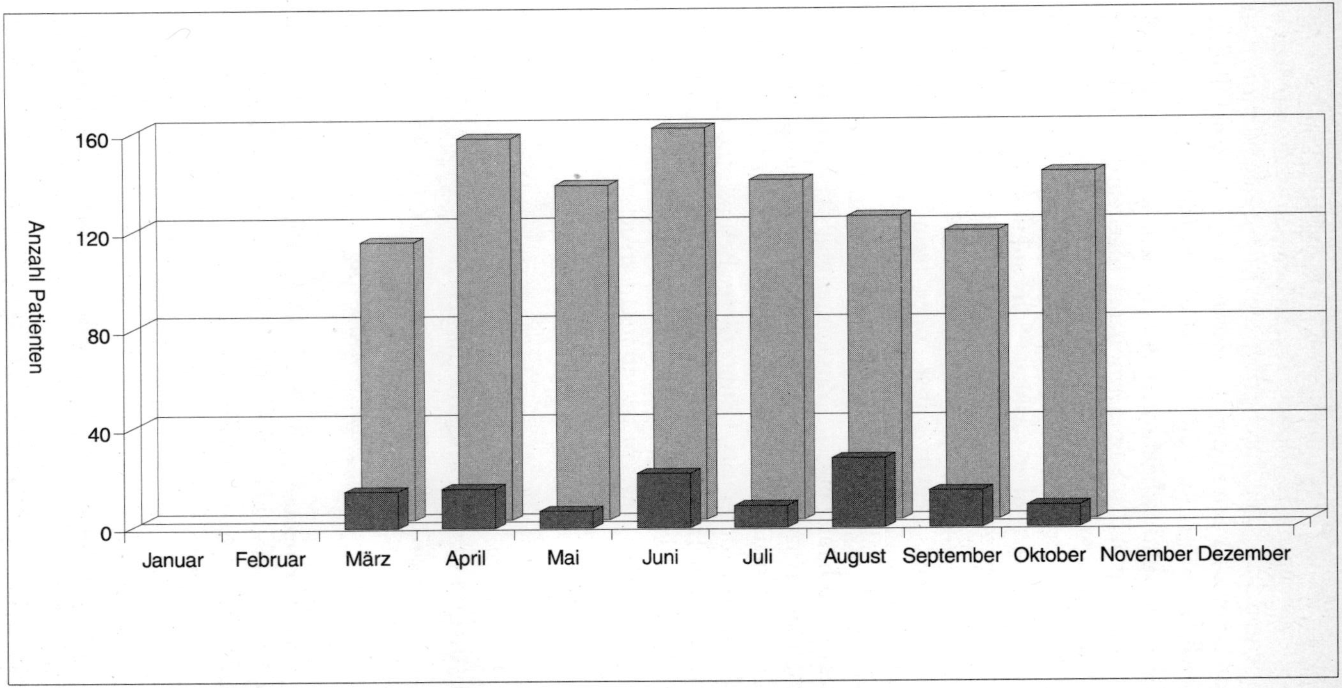

Abb. 7: *Anzahl der zwangsmedizierten Patienten gegenüber allen aufgenommenen Patienten in den Untersuchungsmonaten*

her zu analysieren, wurde in den Abbildungen 8 (Patientenebene) und 9 (alle Zwangsmedikationen) die Anzahl der zwangsmedizierten Patienten bzw. der durchgeführten Zwangsmedikationen in Relation gesetzt zu den in diesem Monat aufgenommenen Patienten (gleich 100%) [Abb. 8 und 9 s. S. 102 und 103].

Bei der Anzahl durchgeführter Zwangsbehandlungen (Abb. 8) ist eine Häufung in den Sommermonaten angedeutet. Das könnte mit erhöhter Personalfluktuation und entsprechend geringerer Teamstabilität in der Urlaubszeit zusammenhängen. Im Rahmen der Untersuchungen über saisonale Schwankungen von Erkrankungs- und Symptomhäufigkeiten bietet sich aber noch eine andere Erklärungsmöglichkeit an. Vorausgesetzt daß Zwangsmaßnahmen überwiegend wegen (selbst- oder fremd-) gefährdendem Verhalten von Patienten durchgeführt werden, würde sich hier ein Hinweis darauf ergeben, daß aggressives Potential jahreszeitlich unterschiedlich häufig auftritt. Zusammen mit der Vermutung eines Zusammenhanges agressiven Verhaltens und Serotonin-Stoffwechsel einerseits und einer jahreszeitlich unterschiedlichen Serotonin-Aktivität andererseits, könnte dieser Befund eine Brücke zu Neurotransmitter-Hypothesen schlagen. Da in unserer Studie aber die Monate November bis Februar nicht erfaßt wurden, bleibt die genauere Analyse weiteren Untersuchungen vorbehalten.

Bedingungen der Zwangsmedikation

Art der Durchsetzung der Zwangsmedikation

Haben die Therapeuten sich entschieden, daß eine Medikation erforderlich ist, obwohl die Betroffenen eine freiwillige Einnahme verweigern, haben sie abgestufte Möglichkeiten zur Durchsetzung ihrer Entscheidung.

- durch Ankündigung von empfindlichen Nachteilen (Sperrung von Ausgang oder Urlaub u.a.)
- Ankündigung von Zwang oder Isolierung bei Medikamentenverweigerung
- Anwendung von körperlicher Gewalt.

Von den 62 Patientinnen und Patienten wurden vier (6%) empfindliche Nachteile angekündigt, 19 (31%) Zwang oder Isolierung. Gegenüber 39 (63%) wurde Gewalt angewendet.

Tabelle 16 veranschaulicht den Vergleich von Kranken mit einmaliger und mehrmaliger Zwangsmedikation in Relation zur Art der Durchsetzung der Zwangsmedikation.

Zwangsmedikation	Zwangsmedikation durchgesetzt durch		
	angedrohte Nachteile	angedrohter Zwang	angedrohte Gewalt
Einmalig	4	18	26
Mehrfach	–	1	13

Tab. 16: *Unterschiede in der Art der Durchsetzung der Zwangsmedikation bei Patienten mit ein- bzw. mehrmaliger Zwangsmedikation*

Es gibt einen signifikanten Unterschied zwischen den beiden Gruppen in bezug auf den Ablauf der Zwangsmedikation ($p<.01$). Patienten mit einmaliger Zwangsbehandlung erfuhren diese häufiger durch Ankündigung von Zwang oder Isolierung. Bei Patienten mit mehrmaliger Zwangsmedikation wurde signifikant häufiger körperliche Gewalt angewendet.

Für die Begründung der Zwangsmaßnahme ist in den Protokollen eine spezielle Rubrik vorgesehen. Diese wird in der Regel vom Arzt, der die Zwangsmedikation angeordnet hat, stichwortartig frei formuliert. Da die Ergebnisse der Interviews, die in Kapitel 8 berichtet werden, umfassendere inhaltliche Aufschlüsse bringen, wurde an dieser Stelle auf eine detaillierte qualitative Analyse der Protokolleinträge verzichtet.

Stattdessen wurde eine quantitative Auswertung der am häufigsten verwendeten Begriffe und Stichworte vorgenommen. Diese sind einschließlich der Häufigkeiten, mit denen sie erwähnt wurden, in Tabelle 17 dargestellt.

Unter »aggressiv« wird dabei ausschließlich verbal geäußerte Angriffslust zusammengefaßt, während unter »fremdgefährlich« befürchtete aggressive Handlungen gegen Personen und/oder bereits erfolgte Sachbeschädigung (z.B. werfen von Gegenständen,

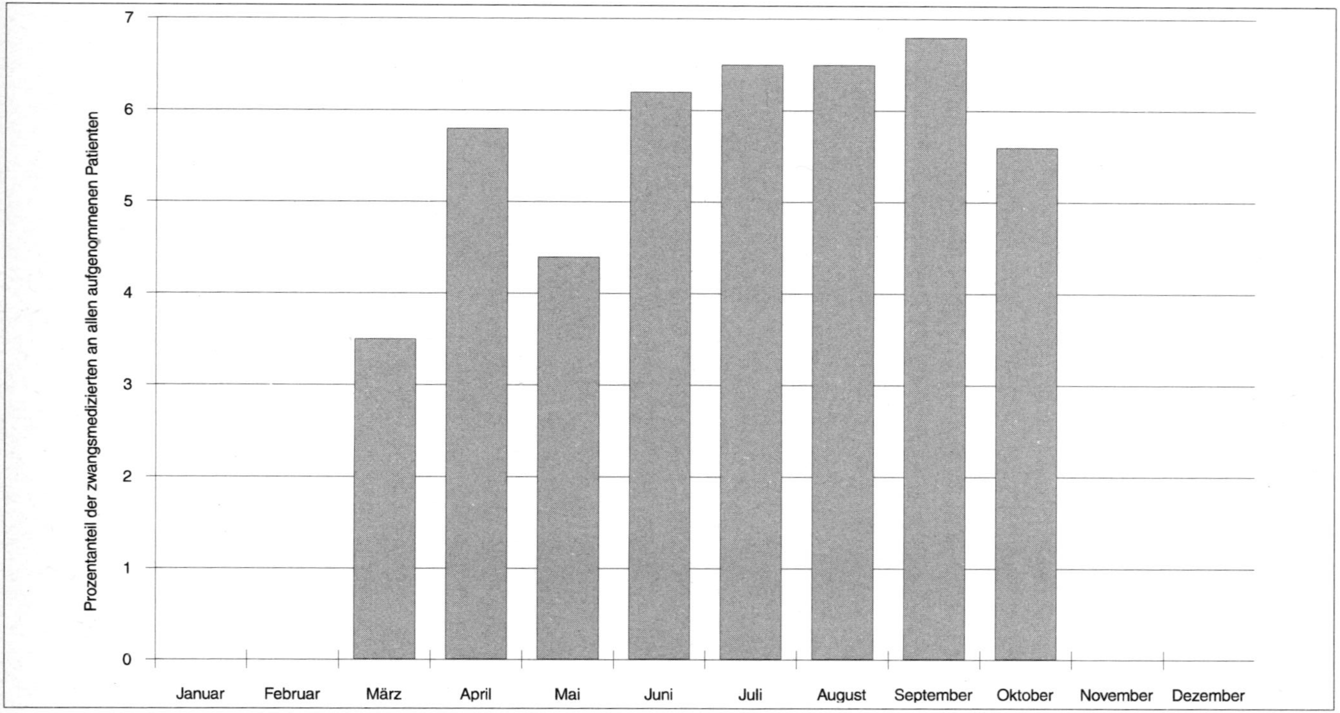

Abb. 8: *Anteil der zwangsmedizierten Patienten an allen aufgenommenen Patienten in Prozent pro Monat*

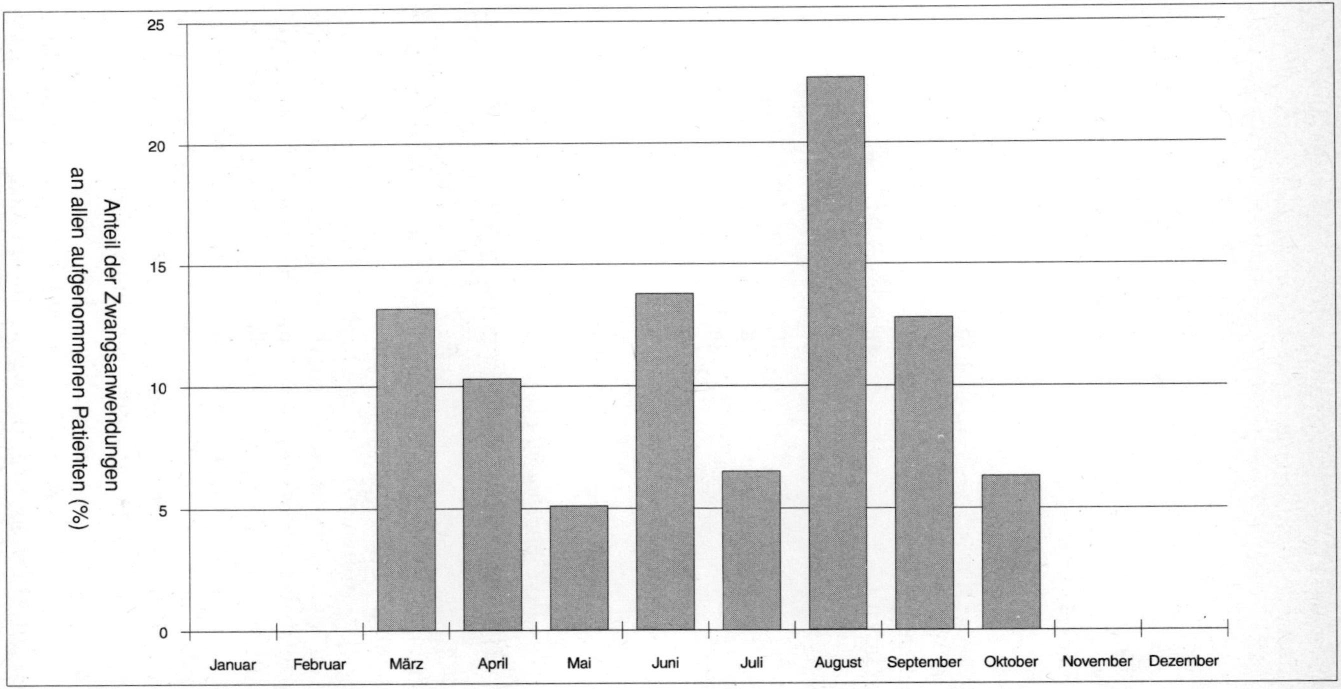

Abb. 9: *Anteil der einzelnen Zwangsmedikationen im Verhältnis zu allen aufgenommenen Patienten in Prozent pro Monat*

welche zur Verletzung von Personen führen können) aufgenommen wurden. Als »tätlich« gelten durchgeführte Angriffe auf Personen (z.B. Ohrfeige, Kinnhaken).

	Anzahl Zwangsmed.	% Patienten
psychotisch	62	28
zerfahren	8	5
mit Vergiftungsideen	7	4
ängstlich	8	7
gequält	3	2
distanzlos	13	7
aggressiv	28	21
fremdgefährlich	34	22
selbstgefährlich	18	11
tätlich	17	14
gespannt	17	12
unruhig	18	8
agitiert	4	4
angetrieben	18	11
erregt	19	11
Reizabschirmung	9	6
Raptus im Delir	1	1
Anderes	70	30

Tab. 17: *Psychopathologische Auffälligkeiten, die als Begründung für die Zwangsmedikation genannt werden*

Auffällig ist, wie häufig der Begriff »psychotisch« als zentrale Begründung für die Zwangsmaßnahme auftaucht: bei knapp der Hälfte der betroffenen Kranken und bei mehr als der Hälfte der einzelnen durchgeführten Zwangsbehandlungen. Die Begriffe »fremdgefährlich« und »aggressiv« tauchen jeweils bei einem Drittel der Patienten und einem Viertel der einzelnen Zwangsbehandlungen auf. Danach folgen etwa gleichrangig »Tätlichkeit«, »Gespanntheit« und »Selbstgefährlichkeit« sowie »Erregtheit« und »Angetriebenheit«. Demgegenüber werden »Angst« und »Gequältheit« verhältnismäßig selten als Gründe angegeben.

Für Frauen und Männer ergaben sich im Hinblick auf die Begründung der Maßnahmen keine wesentlichen Unterschiede. Keiner der aufgeführten Begriffe wurde für Frauen oder Männer signifikant unterschiedlich häufig verwendet. Ein Unterschied ergab sich allerdings bei solchen Kranken, die mehrfach einer Zwangsmedikation unterworfen wurden. Hier wurden die Begriffe »gespannt« ($p<.01$) und »fremdgefährlich« ($p<.04$) bei Frauen seltener verwendet als bei Männern.

Applikationsweise des Medikamentes

20 der 62 zwangsmedizierten Patienten (32%) erhielten das Medikament als Tablette oder Flüssigkeit zum Schlucken. Es handelte sich um zwölf Männer und acht Frauen. 42 Patienten (68%) erhielten eine Injektion des Medikamentes, davon waren 19 Männer und 23 Frauen. Von den 31 männlichen Patienten erhielten somit 12 (39%) eine orale und 19 (61%) eine intramuskuläre Zwangsmedikation. Bei den 31 weiblichen Patienten wurden acht (26%) orale und 23 (74%) intramuskuläre Zwangsmedikationen verabreicht. Diese Geschlechts-Unterschiede sind statistisch nicht signifikant.

Betrachtet man nicht nur die jeweils erste Zwangsmedikation eines jeden Patienten, sondern alle im untersuchten Zeitraum erfolgten Zwangsmedikationen, also nicht die einzelnen Patienten, sondern die Protokolle, so wird ein signifikanter Unterschied in der Geschlechteraufteilung bezüglich der Applikationsart deutlich: Oral zwangsmediziert wurde in 17 Anwendungen bei Männern und 14 bei Frauen. Intramuskulär wurde dagegen in 24 Anwendungen bei Männern und 65 bei Frauen mediziert ($Chi^2=7.9$, $df=1$, $p<.005$).

Dieser statistisch signifikante Unterschied ist auf eine Patientin zurückzuführen, die sehr häufig auf die gleiche Art (intramuskulär) zwangsmediziert wurde.

Einmal wurde eine Frau intravenös zwangsmediziert, aber nicht bei der ersten Zwangsmedikation.

Zusätzliche Isolation

Zusätzlich zur Zwangsmedikation wurden 38 Patienten (61%) isoliert, davon waren 21 Männer (55%) und 17 Frauen (45%). 24 Patienten (39%) wurden nicht isoliert, davon waren 10 Männer (42%) und 14 Frauen (58%). Es wurden also etwas mehr Männer zusätzlich isoliert, der statistische Unterschied ist jedoch nicht signifikant. Die Auswertung auf Protokollebene (Berücksichtigung aller Zwangsmedikationen) zeigt, daß 61 mal (50%) die betroffenen Patienten zusätzlich isoliert wurde, 23 mal (38%) bei Männern, 38 mal (62%) bei Frauen. Nicht zusätzlich isoliert wurden 18 mal bei Männern, 42 mal bei Frauen. Auch dieser Unterschied ist statistisch nicht signifikant. Die Differenz zur Auswertung auf Patientenebene wird wiederum durch eine Patientin bedingt, die sehr häufig isoliert wurde.

Die zusätzlich zu einer Zwangsmedikation durchgeführte Isolierung der betroffenen Patienten war von sehr unterschiedlicher Dauer. Die Abbildung 10 (s. S. 107) zeigt die Verteilung der Isolationszeiten.

Bezogen auf die jeweils erste Zwangsmedikation pro Patient (Patientenebene) ergibt sich bei den 38 zusätzlich isolierten Patienten folgendes Bild: vier Patienten wurden eine Stunde lang isoliert. Weitere vier Patienten wurden zwei Stunden, fünf Patienten drei bis sechs Stunden, sieben Patienten sieben bis zwölf Stunden, vier Patienten 13 bis18 Stunden und acht Patienten 19-24 Stunden lang zusätzlich isoliert. Eine Häufung tritt bei einer Isolationsdauer von 24 Stunden auf, die bei fünf Patienten durchgeführt wurde.

Zwischen Männern und Frauen bestand kein Unterschied in der Dauer der Isolation. Von sechs der 38 isolierten Patienten (zwölf bei der Auswertung auf Protokollebene) fehlte im Protokoll die Zeitangabe der Isolation.

Anwesende Personen bei einer Zwangsmedikation

Bei einer Zwangsmedikation waren immer zwei oder mehrere Personen anwesend. Nur bei zehn von den 62 Patienten wurde auf dem ersten Protokoll im Abschnitt »Begründung und Beschreibung der Durchführung, Bemerkungen« eine Angabe über die Anzahl der bei der Zwangsmedikation anwesenden Personen gemacht. Der Assistent war dazu im Merkblatt aufgefordert worden. Bei drei Patienten waren vier Personen anwesend, bei sieben Patienten waren fünf bis elf Personen anwesend.

Aufgeteilt nach Geschlecht waren bei drei weiblichen Patienten je einmal vier, fünf und sechs Personen anwesend, bei sieben männlichen Patienten zweimal vier, je einmal fünf, sechs, neun, zehn und elf Personen anwesend. Der Geschlechtsunterschied ist statistisch nicht signifikant.

Bei einer Auswertung auf Protokollebene ergeben sich folgende Befunde: Bei 22 Zwangsmedikationen wurden Angaben zur Anzahl der Anwesenden gemacht: Bei weiblichen Patienten waren je

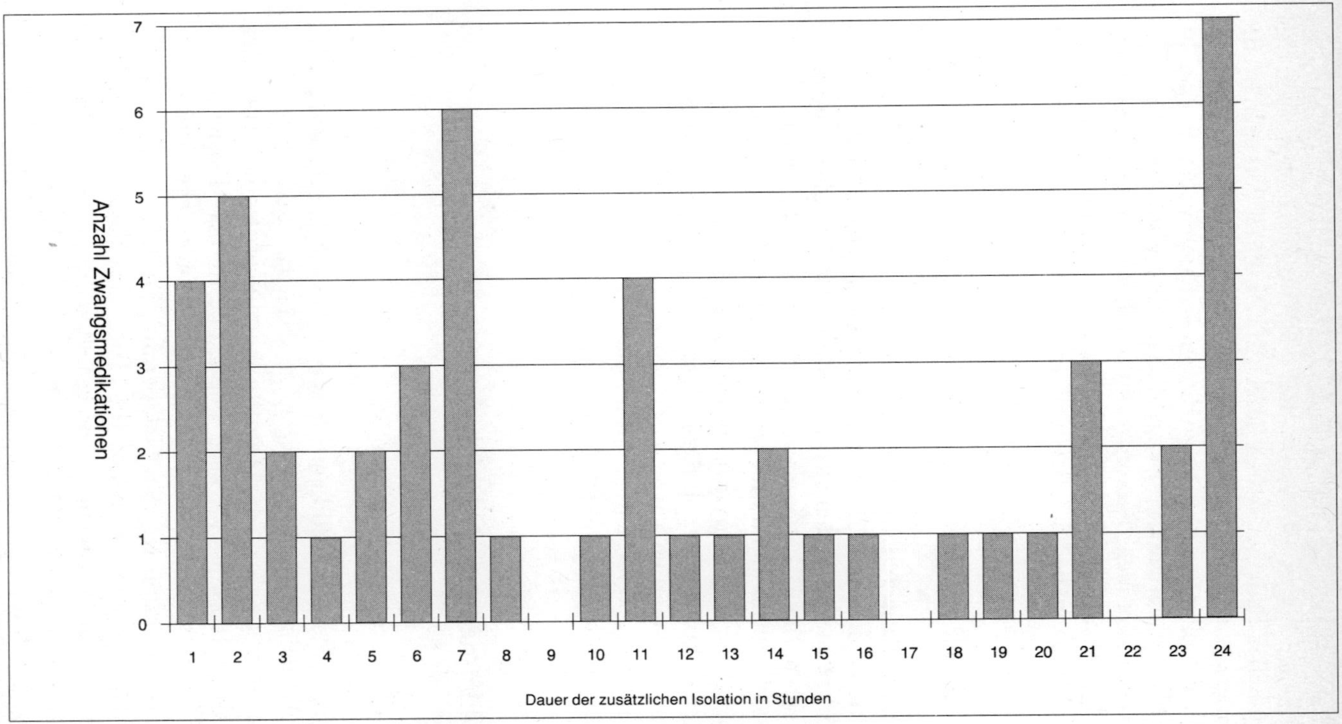

Abb. 10: *Dauer der zusätzlich zu einer Zwangsmedikation durchgeführten Isolation*

einmal zwei und drei Personen und elf mal vier bis sechs Personen anwesend, insgesamt waren dies 13 Zwangsmedikationen. Bei männlichen Patienten waren neun mal vier bis elf Personen bei der Zwangsmedikation anwesend. Bei 99 Zwangsmedikationen wurde im Protokoll keine Angabe zu diesem Punkt gemacht. Bei den bei männlichen Patienten durchgeführten Zwangsmedikationen waren signifikant mehr Personen anwesend, der Unterschied im Vergleich zur Auswertung auf Patientenebene ist jedoch wieder durch einen Patienten bedingt, bei dem immer sehr viele Personen anwesend waren.

Festhalten des Patienten

Einzelne Patienten wurden während der Injektion des Medikamentes zu ihrem und/oder zum Schutz des Personals festgehalten. Angaben hierzu finden sich auf dem ersten Protokoll nur bei 15 Patienten. Bei 47 Patienten fehlen diese. Zwölf Patienten wurden nicht festgehalten und drei Patienten wurden festgehalten.

Bezüglich der Einzelprotokolle wurde bei 26 Zwangsmedikationen dokumentiert, ob der Patient festgehalten wurde. Bei fünf Zwangsmedikationen war dies der Fall, bei 21 nicht. Auch hier besteht kein signifikanter Unterschied zwischen Zwangsanwendungen bei Männern oder Frauen.

Medikamentenwahl und -dosierung

Art der gegebenen Medikamente

Die verwendeten Medikamente waren vorwiegend Neuroleptika, mit Ausnahme der Benzodiazepine Diazepam und Clonazepam. Zum Teil wurde auch die Depotform der Neuroleptika verwendet.

Tabelle 18 (s. S. 109) zeigt Name und mittlere Dosierung der Medikamente, die bei der Zwangsmedikation gegeben wurden.

Am häufigsten wurden Haloperidol, Diazepam und Levomepromazin gegeben, wobei ca. die Hälfte aller Patienten Haloperidol und/oder Levomepromazin erhielten. Nur ca. ein Sechstel der Patienten erhielt wiederholt Diazepam, teils kombiniert mit einem Neuroleptikum.

Medikament	Anzahl d. Zwangs-med.	Dosierung in mg	Mittlere Dosis pro Anwendung	Anzahl Patienten
Haldol	65	19 mal 5 44 mal 10 1 mal 15 1 mal 20	8,76	30
Valium	41	16 mal 5 25 mal 10	8,04	11
Nozinan	38	11 mal 25 15 mal 50 5 mal 75 7 mal 100	53,28	29
Clopixol acutard	18	8 mal 100 10 mal 150	128	4
Prazine	14	2 mal 25 7 mal 50 1 mal 75 4 mal 100 1 mal 25	60	12
Leponex	9	1 mal 25 5 mal 50 1 mal 75 1 mal 100 1 mal 200	72,2	7
Clopixol	4	2 mal 10 1 mal 15 1 mal 30	16,25	1
Melleril	1	100	100	–
Semap	1	10	10	1
Fluanxol Depot	1	60	60	1
Clopixol Depot	1	600	600	–
Haldol Decanoas	1	150	150	–
Rivotril	1	0,5	0,5	2

Tab. 18: *Art und Dosierung der Medikamente, die bei der Zwangsmedikation verwendet werden (»Anzahl Patienten« bezieht sich auf die jeweils erste Zwangsmedikation bei jedem Patienten).*

Pro Zwangsmedikation wurden in der Regel ein bis zwei Medikamente gegeben, in Ausnahmen (fünf Zwangsmedikationen an vier Patienten) eine Dreierkombination. Häufig kombiniert wurden: Haloperidol und Diazepam in 36 Zwangsmedikationen an 15 Patienten; Haloperidol und Levomepromazin in 23 Zwangsmedikationen an 17 Patienten; Levomepromazin und Promazin in acht Zwangsmedikationen an sieben Patienten.

Bei vier der fünf Zwangsmedikationen mit einer Dreierkombination war als drittes Medikament Clozapin gegeben worden, in einem Fall Haloperidol in Depotform. Seltene Kombinationen waren Haloperidol mit Promazin, Haloperidol mit Thioridazin, Diazepam mit Zuclopenthixol, Promazin mit Clozapin (je ein bis drei Zwangsmedikationen an ein bis zwei Patienten).

Bezogen auf die einzelnen Patienten wurden die Medikamente bei Männern und Frauen nicht verschieden dosiert.

Zusammenfassung

Über die obligatorische Dokumentation von Zwangsbehandlungen in der Psychiatrischen Universitätsklinik Basel wurden in den Monaten März bis Oktober 1991 62 Kranke erfaßt, die sich einer Medikation gegen ihren Willen unterziehen mußten. Bezogen auf die Gesamtzahl der Aufnahmen waren das 5,7%, unter Einschluß der Krisenpatienten 4,7%, bezogen auf die Behandlungsepisoden (anwesende plus neu aufgenommene bzw. entlassene Patienten) 3,7%. Betroffen waren zu vier Fünfteln (79%) Schizophreniekranke. Mit großem Abstand folgten Kranke mit affektiven Psychosen, ausschließlich Maniker (8%) und Kranke mit Persönlichkeitsstörungen (6%). Die Schizophreniekranken waren gegenüber der Gesamtzahl der Aufnahmen fast um das Dreifache überrepräsentiert, die Maniker um das Sechsfache: 16% aller neu aufgenommenen Schizophrenen und 20% aller Maniker wurden gegen ihren Willen mit Medikamenten behandelt.

Die 62 Patientinnen und Patienten wurden 121 Zwangsmaßnahmen unterzogen, davon 48 (77%) Patienten jeweils nur einmal, sieben weitere (11%) zweimal. Die erste Zwangsmedikation erfolgte bei fast zwei Fünftel (39%) der Kranken am Eintrittstag, einem weiteren Drittel am Tage nach der Aufnahme. Tageszeitlich ergaben sich Häufungen zwischen 8.00 und 14.00 Uhr sowie zwischen 18.00 und 20.00 Uhr – ein Hinweis, daß die meisten solcher Maßnahmen nicht aus dem Stand erfolgen, sondern daß die Situation sich allmählich aufbaut, bis eine Entscheidung zum Handeln in den Eckzeiten der Routinearbeitszeit fällt.

Orte der Zwangsmaßnahmen waren die geschlossenen Abteilungen der Allgemeinpsychiatrie. Die zentrale Notaufnahmestation führte mit großem Abstand. Dort wurden fast zwei Drittel (62%) aller zwangsmedizierten Patienten behandelt und zwei Fünftel (42%) aller Zwangsbehandlungen durchgeführt. Es folgen die beiden übrigen geschlossenen Abteilungen mit je einem Viertel (25% und 26%). Die alterspsychiatrische Aufnahmeabteilung lag mit 3% der Patienten und der Maßnahmen weit zurück.

Die Durchsetzung der Medikamentenbehandlung gegen den Willen der Kranken erfolgte bei einer Minderheit (6%) durch die Androhung von Nachteilen wie Sperrung von Ausgang oder Urlaub und bei fast einem Drittel (31%) durch die Ankündigung von Zwang oder Isolierung. Gegenüber zwei Dritteln (63%) wurde körperliche Gewalt angewendet. Begründet wurden die Maßnahmen in der Dokumentation außer mit der Krankheit selber (»psychotisch«) mit Adjektiven wie fremdgefährlich, aggressiv, selbstgefährlich, tätlich, gespannt, unruhig, angetrieben, erregt.

Ein Drittel der Patienten (32%) nahmen das Medikament unter Druck oral als Tablette oder Flüssigkeit ein (zwölf Männer und acht Frauen); zwei Drittel erhielten eine intramuskuläre Injektion.

Eine zusätzliche Isolation wurde bei immerhin drei Fünfteln (61%) der Kranken durchgeführt. Die am häufigsten eingesetzten Medikamente waren Haldol bei 54% der Maßnahmen (davon nur zweimal mehr als 10 mg), Valium bei 34%, Nozinan (Neurocil) bei 31%. Die Dosis lag bei Valium bei 10 mg oder weniger, bei Nozinan (Neurocil) 7mal bei 100 mg und in den übrigen 31 Fällen darunter. Unterschiede bei Männern und Frauen waren nicht festzustellen. Kombinationen von zwei Medikamenten waren häufig.

8 Die Interviews

Die vierte Annäherung an das Problem der Zwangsmedikation versuchten wir durch Interviews bei einem Teil der betroffenen Kranken. Wir führten diese ergänzend zur Analyse der Zwangsmedikationsprotokolle bei 30 Kranken durch, die in der prospektiven Untersuchung erfaßt worden waren. Daneben wurden auch die für die Zwangsmedikation verantwortlichen – und dabei anwesenden – Ärztinnen und Ärzte befragt sowie, wenn immer möglich, ein Mitglied des beteiligten Pflegeteams. In der Schweiz handelt es sich dabei meist um Krankenschwestern und -pfleger mit einer speziellen, dreijährigen Psychiatrie-Pflegeausbildung.

Es war Teil des Studiendesigns, alle zwangsmedizierten Patienten der prospektiven Untersuchung, also insgesamt 62 Personen, über die von ihnen erlebte Zwangsmedikation zu befragen. Es wurden jedoch nur 30 Patienten erreicht. Die übrigen konnten aus folgenden Gründen nicht befragt werden:

- Sie lehnten das Interview ab (zwei Patienten).
- Sie waren am Ende des Studienzeitraumes unverändert psychotisch und deshalb nicht auskunftsfähig oder nicht belastbar (zwei Patienten).
- Sie waren kurzfristig ausgetreten, bevor ein Interview stattfinden konnte (28 Patienten).

Bereits entlassene Patienten wurden wegen des damit verbundenen Aufwandes und der veränderten Voraussetzungen bei einer eventuellen Nachuntersuchung im ambulanten Bereich nicht befragt.

Bei den interviewten Ärzten und Ärztinnen handelte es sich oft nicht um die behandelnden Abteilungsärzte, sondern häufig um die Dienstärzte der Klinik. Der Dienstarzt nimmt neu eingetretene Patienten auf und steht an erster Stelle der Behandlungskette. Außerhalb der offiziellen Arbeitszeiten ist er für Notfälle im Klinikareal zuständig, unter anderem auch für eventuelle Zwangsmedikationen in dieser Zeit. Der Dienstarzt wechselt häufig – werktags alle zwölf, an Wochenenden und Feiertagen alle 24 Stunden.

Die Wahl des Mitgliedes aus dem Pflegepersonal fiel nach Möglichkeit auf die Person, die bei der Zwangsmedikation anwesend war. Die Befragung war aufgrund von Nachtdienst- und Ferienabwesenheiten nicht immer möglich. Häufig war die interviewte Person auch gleichzeitig die »Bezugsperson« des Patienten. »Bezugsperson« meint ein Teammitglied, das während seiner Arbeitszeit konstant für einen bzw. mehrere Patienten zuständig ist und von ihm beziehungsweise ihnen bei Fragen/Problemen etc. zuerst angesprochen werden sollte. In der Klinik wird mit dem Bezugspersonensystem praktisch auf allen Abteilungen gearbeitet.

Alle Interviews erfolgten einzeln und mit dem Hinweis auf Anonymität. Mitarbeiterinnen und Mitarbeiter wurden sobald wie möglich nach dem Ereignis befragt. Die Patienten wurden mit einer zeitlichen Verzögerung von einigen Tagen bis zu maximal drei Wochen interviewt. Auf diese Weise sollte vermieden werden, sie in der akuten Phase ihrer Erkrankung ungebührlich zu belasten. Außerdem sollten sie Gelegenheit haben, einen gewissen Abstand vom traumatischen Erlebnis der Zwangsmedikation zu gewinnen.

Die Interviews wurden jeweils auf der Station durchgeführt, auf der die Kranken zum Zeitpunkt der Befragung behandelt wurden. Es wurde Wert darauf gelegt, die Interviews in einer angenehmen Umgebung mit möglichst wenig Störfaktoren durchzuführen. Meist bot sich dafür der Besucherraum der Abteilung oder ein Arztbüro an. Die Kranken waren je nach Gesundheitszustand mehr oder weniger gut in der Lage, sich zu konzentrieren und ein Gespräch über das heikle Thema auszuhalten. Bei allen Patienten lag ein »informed consent« (Zustimmung nach Aufklärung) über die Beteiligung an der Studie vor.

Die Interviews wurden mit Hilfe zweier halbstrukturierter Fragebögen durchgeführt. Einer dieser Fragebögen diente dem Interview mit dem Kranken (vgl. Anhang). Der zweite wurde dem Interview mit den Mitarbeiterinnen und Mitarbeitern zugrundegelegt (vgl. Anhang).

Die Interviews mit den Patienten

Die halbstrukturierte Art der Interviews mit den Patienten erlaubt sowohl eine Teilquantifizierung der Ergebnisse wie eine qualitative Analyse. Zunächst wird eine quantitative Auswertung der Antworten der Patienten auf die Befragung dargestellt. Diese erfolgt in der Reihenfolge der Fragen im Interview. Da Mehrfachantworten möglich waren, ergibt die Addition der gegebenen Antworten mehr als n = 30 bzw. mehr als 100%. In der tabellarischen Übersicht über die Antwort wird jeweils nur die positive Antwort (ja) aufgeführt.

Frage 1:

»Weshalb kam es zur Gabe von Medikamenten gegen Ihren Willen?«	Anzahl »ja«
– Weil es zum Klinikablauf gehört	2
– Weil man mich beruhigen, betäuben und entmachten wollte (ich schlief nicht mehr zuhause)	11
– Weil man etwas gegen mich hatte; man wollte mich töten, vergiften (ich war zu laut) auch schon vor Klinikeintritt	9
– Weil ich verwirrt, aufgeregt, nervös war, unter Stimmen und Bildern litt	6
– Ich weiß nicht/kann mich nicht erinnern	11

Die erste Frage war offen gestellt. Es waren keine strukturierten Antwortmöglichkeiten vorgegeben. Die in der Tabelle gegebenen Kategorien wurden nachträglich anhand der vorkommenden Antworten konstruiert. Das ist bei der Interpretation der Antworten zu berücksichtigen. Es ist von Bedeutung, daß mehr als ein Drittel der Kranken nicht wußte oder sich nicht erinnern konnte, warum die Zwangsmaßnahme erfolgt war, und jeweils ein weiteres Drittel der Patienten erlebte, daß man etwas gegen sie hatte: Man habe sie betäuben und entmachten, sie töten und vergiften wollen. Dagegen brachten nur 20% der Patienten die durchgeführte Zwangsmaßnahme mit subjektiv erlebtem Leiden in Zusammenhang: Die Maßnahme sei erfolgt, weil sie verwirrt, aufgeregt, nervös gewesen seien und unter Stimmen und Bildern gelitten hätten.

Frage 2:
»Wie ist die Zwangsmedikation erfolgt?«

	Anzahl »ja«
– Ich mußte ein Medikament schlucken (ohne Gewalt)	3
– Ich mußte ein Medikament schlucken im Beisein von mehreren Pflegern, unter Androhung einer Spritze	5
– Ich erhielt eine Spritze (ohne Gewalt)	4
– Ich wurde festgehalten und gespritzt	12
– Ich erhielt mehrere Spritzen	3
– Ich wurde isoliert	3
– Ich weiß es nicht mehr	8

Auch Frage 2 war eine offene Frage ohne vorgegebene Antwortmöglichkeiten. Die Kategorisierung erfolgte wieder durch nachträgliche Zusammenfaßung gleicher oder ähnlicher Antworten der Patienten. Auch hier gehört das Sich-nicht-erinnern-können oder Nicht-erinnern-wollen zu den auffälligen Befunden.

Die dritte Frage war strukturiert. Die aufgeführten Antwortkategorien waren vorgegeben. Sie sind somit im Gegensatz zu jenen auf die beiden ersten Fragen wirkliche ja/nein-Antworten. Mehr als 40% der Patienten empfanden die Zwangsmedikation als nötig oder als hilfreich, ein Drittel als demütigend, ein Fünftel als sinnlos und immerhin noch 13% der Patienten erlebten die Zwangsmedikation als Strafe.

Frage 3:
»Was halten Sie von der Zwangsmedikation?«

	Anzahl »ja«
– War sinnlos	7
– War nötig, hiflreich	13
– War demütigend	10
– War eine Strafe	4
– Anderes	10
– Ich erinnere mich nicht mehr	6

Frage 4: »Warum verweigerten Sie die Medikamenteneinnahme?«	Anzahl »ja«
– Ich fühlte mich nicht krank	13
– Ich hatte Angst vor Nebenwirkungen	14
– Das vorgeschlagene Medikament hatte früher nicht gewirkt	1
– Ein anderes Medikament hätte ich eingenommen	3
– Ich fühlte mich von Arzt/Bezugsperson nicht verstanden	8
– Aus anderen Gründen	9
– Ich erinnere mich nicht mehr daran	5

Auch die Frage 4 war strukturiert mit vorgegebenen Antworten.

Jeweils fast die Hälfte der Kranken gaben an, sie hätten die Medikamente verweigert, weil sie sich nicht krank fühlten oder weil sie Angst vor Nebenwirkungen hatten, ein Viertel weil sie sich von ihren Therapeuten nicht verstanden fühlten. Insofern ist es konsequent, wenn fast zwei Drittel aller Patienten angaben, die Zwangsmedikation sei vermeidbar gewesen.

Frage 5: »Wie wäre die Zwangsmedikation vermeidbar gewesen?«	Anzahl »ja«
– Wenn man mit mir geredet, auf mich gehört hätte (Kontakt, Nähe, Blicke)	13
– Wenn man mir Zeit gelassen hätte	5
– Wenn ich mich hätte zurückziehen können (freiwillig)	4
– Durch Entspannung, Beschäftigung	3
– Wenn ich keine Medikamente bekommen hätte	3
– Wenn man mich hätte gehen lassen	5
– Wenn ich vor Eintritt weniger grob/rabiat behandelt worden wäre	5
– Wenn ich vor Eintritt eine vertraute Person als Begleitung in die PUK gehabt hätte	2
– Ich erinnere mich nicht mehr	2

Die Frage nach der Vermeidbarkeit der Situation war eine offene Frage ohne vorstrukturierte Antworten. Umso eindeutiger sind die Ergebnisse. Mehr als zwei Fünftel der Betroffenen glaubten, die Zwangsmaßnahme wäre vermeidbar gewesen, wenn man mit ihnen geredet, ihnen zugehört, wenn man sich ihnen zugewendet hätte. Ein weiteres Fünftel glaubte, sie wäre nicht nötig gewesen, wenn man ihnen Zeit gelassen hätte. In die gleiche Richtung zielen auch die Antworten, die Entspannung und die Möglichkeit des Rückzugs nannten. Bemerkenswert sind die Antworten jener fünf Befragten, die die Ursache der Zwangsmaßnahme vor ihrem Eintritt in die Klinik sahen, wo sie eine grobe oder rabiate Behandlung erfahren hätten.

Zusammenfassung der Sicht der Patienten

Zusammenfassend ist zu den Patienteninterviews festzuhalten: Etwa die Hälfte der betroffenen Kranken hielt die Zwangsmedikation für sinnlos oder demütigend. Etwa genauso viele konnten die Notwendigkeit in der Retrospektive begreifen. Häufigste Gründe für die Medikamenten-Verweigerung aus Sicht der Kranken waren die Angst vor Medikamentennebenwirkungen und die Auffassung, nicht krank zu sein. Rund zwei Drittel der Patienten meinten im Rückblick, daß die Zwangsmedikation vermeidbar gewesen wäre, wenn man sich ihnen verstärkt zugewendet, wenn man mit ihnen geredet, ihnen zugehört, ihnen Zeit gelassen hätte.

Die Interviews mit den Therapeutinnen und Therapeuten

Der Fragebogen, der dem Interview mit den Therapeutinnen und Therapeuten zugrundelag, war sehr viel weniger strukturiert als jener für die Befragung der Kranken (siehe Anhang). Er enthielt ursprünglich nur drei Fragen zur Zwangsmedikation, ihrem Ablauf und ihrer Vermeidbarkeit. Bei der Aufbereitung der Ergebnisse wurden die Antworten auf die Frage: »Wie kam es zur Zwangsmedikation und wie ist diese erfolgt?« in zwei Abschnitte unterteilt. In allen Fällen wurden die hier aufgeführten Antwortkategorien aus ähnlichen und gleichsinnigen Aussagen in den Interviews im nachhinein für die Auswertung zusammengefaßt.

Während in den Patienteninterviews gerade ein Fünftel den Grund für die Zwangsmaßnahme in der Krankheit gesehen hatten, waren es bei den Therapeutinnen und Therapeuten mehr als drei

Die Zwangsmedikation war aus folgenden Gründen notwendig	Anzahl
– Eskalation vor Klinikeintritt, Unfreiwilligkeit (Pat. wurde via Polizei gebracht, Handschellen)	7
– gespannte Situation in der PUK aufgrund Zwangseinweisung	8
– akut psychotischer Pat. (laut, inkohärent, verängstigt, Sinnestäuschung)	23
– Patient verbal aggressiv, provokativ	15
– Patient tätlich gegen Personal und Mitpatienten, warf Gegenstände	12
– Patient mutistisch, kataton, Nahrungs- und Flüssigkeitsverweigerung	5
– Patient auf Suchtmittelentzug	1
– Patient psychomotorisch erregt	18
– Patient akut suizidal	6
– in Anamnese Kriminalität	1

Die Zwangsmedikation spielte sich wie folgt ab	Anzahl
– Medikament wurde per os angeboten (vor einer eventuellen Injektion)	25
– Pat. lehnte die per os Medikation ab, akzeptierte sie i.m.	9
– Pat. ging selber in den Behandlungsraum und legte sich hin	5
– Pat. mußte in den Behandlungsraum getragen werden	3
– Pat. mußte mit Hilfe von Pflegern gehalten werden	15
– Pat. verletzte Personen vor der Behandlung	4
– Beisein von 2-6 Personen (Pfleger, Ärzte, Polizei)	22
– Beisein von 7-20 Personen	6
– Während Injektion wehrte sich Patient massiv (schlug um sich etc.)	5
– Während Injektion wehrte sich Patient verbal	6
– Während Injektion wehrte sich Patient nicht	9
– Nach Injektion Patient weiterhin aggressiv	4
– Nach Injektion Patient geknickt, weinerlich	2
– Nach Injektion Patient ruhig und entspannt	7
– Differenz in den Aussagen von Arzt und Bezugsperson bzgl. Gefährlichkeit/Vermeidbarkeit der Situation	5

Viertel, die die Maßnahme damit begründeten, daß die Kranken akut psychotisch seien. In abnehmender Häufigkeit folgten dann psychomotorische Erregung mit drei Fünftel, verbal aggressives Verhalten (die Hälfte) und Tätlichkeiten gegen Personal und/oder Mitpatienten mit zwei Fünftel. Addiert man die Begründungen auf, stehen akute Krankheitssymptome und Gefahrenabwehr als annähernd gleichgewichtige Faktoren nebeneinander. Eine überraschende Übereinstimmung mit der Patientenansicht findet sich in dem Grund »Eskalation vor Klinikeintritt« in fast einem Viertel der Antworten. Die Begründung »in Anamnese Kriminalität« mutet eher merkwürdig an.

Die Zwangsmedikation erfolgte offenbar nicht unvermittelt. Regelmäßig wurde den Kranken das Medikament zur Einnahme angeboten, bevor Zwangsmaßnahmen ergriffen wurden. Dann wurden die Patienten in der Hälfte der Fälle festgehalten. Diese Aussage stimmt mit jener der Patienten überein. In einer Minderheit der Fälle gingen der Zwangsmaßnahme Verletzungen Dritter voraus. Ebenfalls in einer Minderheit der Fälle gab es Unterschiede in der Einschätzung zwischen den verschiedenen beteiligten Mitarbeitern über die Gefährlichkeit bzw. die Vermeidbarkeit der Situation.

Die Empfindungen der Therapeutinnen und Therapeuten während der Zwangsmaßnahme wurden in jeweils einem Drittel als »nervös«, »gestreßt« und als »unangenehm« oder »schrecklich« beschrieben. Demgegenüber stand in der Hälfte der Fälle die Aussage, daß die Entscheidung zur Zwangsmedikation leicht gefallen

Wie fühlte sich der Arzt/die Bezugsperson während der Zwangsbehandlung	Anzahl
– Nervös, gestresst	10
– Zwangsmedikation war mühsam, unangenehm, schrecklich	11
– Angst um Patient	2
– Angst um eigenes Leben	3
– Nicht schlimm, da keine Gewaltanwendung	5
– Nicht schlimm, da Indikation zur Zwangsmed. eindeutig	14
– Entscheidung zur Zwangsmedikation fiel leicht	14
– Entscheidung zur Zwangsmedikation fiel schwer (Grenzfall, Unsicherheit)	3
– Im Nachhinein unangenehm	5

Die Zwangsmedikation war durch folgende Maßnahmen vermeidbar	Anzahl
– Nicht so lange mit Medikation warten	4
– länger zu warten	2
– Einzelbetreuung des Patienten	2
– mehr Kontakt mit Patient (Reden, Zuwendung)	4
– andere Umgebung (mehr Raum, weniger Mitpatienten, weniger Hektik)	3
– besseren Umgang mit der Angst des Patienten, die sich im Team widerspiegelt	3

und die Situation nicht unangenehm gewesen sei, weil die Indikation zur Zwangsmedikation eindeutig gewesen sei. Grenzfälle und Unsicherheit wurden nur in drei Fällen eingeräumt, also in 10%. Entsprechend ist es nicht verwunderlich, daß nur vier Therapeutinnen und Therapeuten (13%) die Zwangsmedikation im Einzelfall als vermeidbar ansahen.
Die Zwangsmedikation wurde von Therapeutinnen und Therapeuten durchweg nicht als vermeidbar angesehen. Alternative Möglichkeiten, die erwogen wurden, wurden offenbar ebenso rasch wieder verworfen. Nur 10% aller Patienten wurden Alternativen angeboten. Dabei ist eine der vorgeschlagenen Alternativen eher ein Plädoyer für die Zwangsmedikation: Die Zwangsmedikation wäre vermeidbar gewesen, sagten vier Therapeuten, wenn man nicht so lange gewartet hätte, wenn man rascher mediziert hätte. Hier besteht ein drastischer Unterschied zur Sichtweise der Patienten.

Zusammenfassung der Sicht der Therapeutinnen und Therapeuten

Zusammenfassend kann zur Sicht der Mitarbeiter gesagt werden: Therapeutinnen und Therapeuten – Pflegerpersonal wie Ärzte – hielten die Zwangsmedikation mit wenigen Ausnahmen für unvermeidbar, fühlten sich dabei jedoch unter Druck und erlebten die Zwangsmedikation als unangenehm. Trotzdem war knapp der Hälfte der Verantwortlichen die Entscheidung zur Durchführung der Zwangsmedikation leicht gefallen, und ebenso viele gaben an, die Zwangsmedikation nicht als schlimm erlebt zu haben, da die Indikation dazu eindeutig gewesen sei. Es scheint also bei den

Therapeutinnen und Therapeuten eine recht große Sicherheit zu geben, überlegt und im Sinne der Kranken richtig gehandelt zu haben.

Themen aus den Interviews

Die Quantifizierung der Interviewergebnisse gewichtet die Aussagen, Wahrnehmungen und Meinungen von Kranken und Therapeuten. Sie schematisiert zugleich die Antworten. Das gilt in besonderem Maße für die offenen Fragen. Damit die Vielfalt der Mitteilungen und Kommentare von Patienten und Mitarbeitern nicht verloren geht, werden im folgenden Abschnitt einige Eindrücke und Befunde aus den Interviews beispielhaft dargestellt.

Unterschiede in der Wahrnehmung

Eine Patientin wurde von der Ärztin wie folgt beschrieben: »Sie wies jegliche Zuwendung ab und wirkte gleichzeitig hilfesuchend. Die Injektion verlief wie ein Ritual (mehrmalige Zwangsbehandlung).«

Die Aussage der Patientin hierzu war: »Die Ärztin hatte nie Zeit für mich, man hat mir nie zugehört. Wenn ich alles hätte sagen können, wäre diese Situation zu umgehen gewesen. Mir hat es gut getan, daß ein Pfleger bzw. eine Schwester für längere Zeit bei mir war.«

Ärztin und Patientin waren sich einig, daß bei mehr zeitlicher Zuwendung die Zwangsmedikation hätte vermieden werden können.

Ein Patient erlebte die Zwangsmedikation subjektiv nicht als Zwang, da er durch die vielen anwesenden Personen nach eigener Aussage überrascht gewesen sei und die Injektion ihm Entspannung gebracht habe.

Der richtige Zeitpunkt

Schwierig bei der Durchführung der Interviews war unter anderem, den richtigen Zeitpunkt für die Studien-Befragung zu finden. Oft wurde ein Patient von der Abteilung als gesprächsfähig beurteilt, da er am Abteilungsleben adäquat mitmachte. Bei der Diskussion des heiklen Themas reagierte dann aber mancher Patient verunsichert und aggresssiv.

Zum Beispiel ignorierte ein Patient die Frage »Wie kam es zur Zwangsmedikation?«, schimpfte über Studien und Menschenexperimente, über wohlverdienende Ärzte, insbesondere Ärztinnen, welche sich alles erlauben dürften. Er halte es nicht mit den Weibern… .

Eine akut psychotische Patientin berichtete, daß sie an Einsamkeit gelitten und Geborgenheit gesucht habe. Sie sei schockiert über die Räumlichkeiten gewesen, in denen sie sich bei Eintritt habe aufhalten müssen und die sie als kalt und leblos empfunden habe. Auch bei gemütskranken Menschen dürfe man deren Körper und die Umgebung nicht vergessen.

Eine schwerkranke, mutistische Patientin war im Zeitraum von fünf Monaten nicht in der Lage, ein Gespräch zu führen. Beim ersten Interviewversuch war ihre einzige Reaktion ein leichtes Kopfnicken auf die Frage nach Angst. Zwei Monate später gab sie auf alle Fragen die stereotype Antwort, daß sie »nichts dafür kann«. Weitere drei Monate später verharrte sie zurückgesunken im Stuhl.

Der behandelnde Arzt schilderte die tagelange Nahrungs- und Flüssigkeitsverweigerung der Patientin, die Gefährdung durch beginnende Austrocknung und zunehmende Suizidalität. Die notwendig gewordene Verlegung auf eine geschlossene Abteilung erregte die Patientin so stark, daß sie zusätzlich zu den Neuroleptika ein Beruhigungsmittel benötigte. Beides wurde ihr gegen ihren Willen intramuskulär verabreicht.

Divergenz der Meinungen

In einem einzigen Fall differierten die Meinungen aller interviewten Personen: Der Patient beschrieb gelassen die Zwangsmedikation, die er als übertrieben und sinnlos ansah; das Team hatte den Patienten aufgrund der Einlieferung via Polizei als bedrohlich erlebt und mit Angst reagiert; der später hinzugekommene Arzt hielt die Zwangsmedikation unter besseren Eintrittsumständen für vermeidbar, die Medikation aber unter den gegebenen Umständen für indiziert.

Bedrohung, Angst und Schuldgefühle bei Kranken

Gefühle von Bedrohung, Angst und Schuldgefühle vieler Patienten im Rahmen ihrer Krankheit werden an folgenden Beispielen von Patientenschilderungen deutlich:

»Ich glaube, es kam zur Zwangsmedikation, weil ich zuviel geredet hatte in der Stadt. Vielleicht hatte die Polizei etwas gegen mich.« (20-jähriger Mann)

»Ich mußte Medikamente nehmen, weil ich nicht schlafen wollte. Man wollte ein Spiel mit mir machen; ich glaubte niemandem mehr, da mich schon die Polizei beschwindelt hatte.... Ich fürchtete, vom Medikament gelähmt zu werden.« (39-jähriger Mann)

»Ich hatte, als ich in die Klinik eingewiesen wurde, Angst, manipuliert zu werden. Ich war sicher, mit Medikamenten zu einem gefügigen Objekt zu werden. Ich wollte mich selbst darstellen und nicht als Patient funktionieren. Ich wehrte mich gegen den Entzug von Eigenheit und Selbständigkeit.« (40-jährige Frau)

»Als man mir Medikamente angeboten hatte, wußte ich, daß diese mich töten würden. Ich glaubte, vergiftet zu werden.« (27-jähriger Mann)

Angst und Bedrohung bei Therapeutinnen und Therapeuten

Aussagen von Ärzten und Pflegern zeigen, daß auch sie sich manchmal bedroht fühlten:

»In unserer Abteilung hatte es Alarm geklingelt, weil ein Patient auf der Aufnahmestation im Fernsehzimmer aggressiv war, da jemand das Programm gewechselt hatte. Er hatte quasi Schaum vor dem Mund. Nun sollte er ins Isolierzimmer und wollte nicht. Wir waren etwa sechs Pfleger. Ich und ein anderer packten ihn und führten ihn ins Isolierzimmer. Der Patient griff uns zwei an. Der andere Pfleger ist jetzt wegen Verletzung im Krankenstand. Ein anderer bekam einen Tritt an eine empfindliche Stelle. Ich selber habe seit einer Woche Schmerzen in der Schulter und im linken Arm. Der Patient blieb dann eine halbe Stunde im Isolier-Zimmer. Er hatte noch keine Medikamente gehabt. Ich hatte zum erstenmal große Angst. Es war eine sehr unangenehme Situation: Ich stand im Isolier-Zimmer, der Patient in der Türe. Er packte mich und warf mich durch die Luft. Ich fühlte mich echt bedroht, hatte Angst um mein Leben.« (Pfleger einer Akutstation)

»Die Stimmung war sehr gespannt. Der Patient verkannte mich als eine andere Person, und es konnte kaum verbaler Zugang zu ihm gefunden werden. Er war bedrohlich und ich hatte, offen gestanden, Angst.« (Assistenzärztin)

Vermeidbarkeit von Zwang aus Sicht der Kranken

Einige Patientenaussagen zur Vermeidbarkeit der Zwangsmedikation:

»Wenn man mir nur zugehört hätte und ich eine Möglichkeit gehabt hätte, mich zurückzuziehen, wäre diese Situation vermeidbar gewesen. Wenn nur ein Raum vorhanden gewesen wäre, wo ich mich unter Aufsicht eines Pflegers oder einer Krankenschwester hätte ausruhen und schlafen können. Auch ein Gespräch mit dem Arzt hätte mir geholfen. Die Spritze war nicht schlimm wegen des Hautstiches, sondern wegen dem Eindringen in den Körper. Die Medikamente zu schlucken, wäre weniger schlimm gewesen und ich hätte einfach Zeit gebraucht, mich anpassen zu können, denn ich war zwischen Realität und all meinen inneren Wahrnehmungen hin- und hergerissen. Ich möchte trotz allem sagen, daß mir der Aufenthalt geholfen hat und ich viel Vertrauen in den Arzt und das Pflegepersonal bekommen habe.« (40-jährige Frau)

»Wenn ich bereits vor dem Klinikeintritt von einer vertrauten Person begleitet worden wäre, hätte der Eintritt auf freiwilliger Basis stattfinden können. Dies wäre sicher eine gute Voraussetzung gewesen. Und ich sehe ja auch im Moment den Sinn der Medikation ein.« (24-jähriger Mann)

Einige Interviewbeispiele

- Eine 36jährige Patientin

Weshalb kam es zur Gabe von Medikamenten gegen Ihren Willen?

»Ich war verwirrt, hatte Angst und konnte nicht schlafen. Ich hatte verschwiegen, daß ich vorher schon viele Benzodiazepine eingenommen hatte und wollte nicht noch mehr Mittel nehmen. Ich litt an einem trockenen Mund und hatte Durst. Ich bin sehr froh, daß ich das Medikament dann zum Schlucken bekam und keine Spritze wie letztes Jahr. Ich wurde zum Glück auch nicht isoliert.«

Wie ist die Zwangsmedikation erfolgt?

»Ich meinte, ich sei ein Panther und hatte große Angst vor anderen Panthern, die mit mir kämpfen wollten. Ein Pfleger packte mich (nicht grob), schüttelte mich, sah mir dabei in die Augen und sagte, daß hier keine Panther seien. Das hat mir geholfen, weil ich endlich glauben konnte, daß wirklich keine Panther da waren. Ich glaube, ich habe das Nozinan dann eingenommen. Ich glaube, es war nur eine Person dabei. Ich erinnere mich nicht mehr daran. Die Türe des Isolier-Zimmers ließen sie dann offen. Ich habe vor allem Angst, wenn die Türe zu ist. Ich war noch auf dem alten F [frühere Station für Geistig Behinderte], erinnere mich an die 10-tägigen Spritzenkuren; deswegen habe ich panische Angst vor Spritzen. Das Schlimmste ist dann, nach der Spritze allein im Isolier-Zimmer zu liegen. Dieses mal hatte ich Glück, ich war nur einen Tag und eine Nacht im Isolier-Zimmer.«

Was halten Sie von der Zwangsmedikation?

»Rückwirkend empfinde ich die Medikamente als nötig, aber den Isolier-Zimmeraufenthalt verzeihe ich der Klinik nicht. Hilfreich war der Vorfall nicht, aber positiver als früher schon. Früher hätte ich es als Strafe empfunden, heute nicht mehr.«

Warum verweigerten Sie die Medikamenteneinnahme?

»Natürlich hatte ich Angst vor Nebenwirkungen. Ich fühlte mich auch nicht verstanden, weil ein Riesentrubel auf der Abteilung war. Zudem hatte ich wahnsinnigen Durst. Am meisten störte mich, daß die Nachtwache nicht mit mir reden wollte und mich einfach ins Bett geschickt hat. Deswegen war ich ja in der Klinik, weil ich zuhause niemanden zum Reden hatte. Dieses Mal hatte ich wieder Angst, ich würde nicht mehr aus der Klinik herauskommen.«

Wie wäre diese Situation vermeidbar gewesen?

»Ich habe draußen gemerkt, daß es anfängt und habe mehr Medikamente eingenommen; es hat nichts genützt. Helfen würde mir vielleicht, mehr mit mir reden, besser auf mich eingehen, Blickkontakt oder einfach direkten Kontakt mit mir haben; mehr

Antworten oder Erklärungen geben auf das, was mir Angst macht. Um alles in der Welt kein Isolier-Zimmer mehr, lieber mehr Medikamente! Ich hatte noch nie etwas Positives gehört von der PUK, deshalb hatte ich so viel Angst.«

- Ein 30jähriger Patient

Weshalb kam es zur Gabe von Medikamenten gegen Ihren Willen?

»Ich hatte keine Beziehung zur Krankheit, fühlte mich nicht krank. Die Lithium-Tabletten, die ich regelmäßig einnehme, wollten mir die Wärter im Gefängnis nicht geben. Daraufhin wurde ich nervös, man packte mich und brachte mich im Gefängnis in eine Isolierzelle, gab mir dann ein dämpfendes Medikament, eine Droge. Davon drehte sich mein Kopf. Ich wurde dann im Gefängniswagen in die Klinik gebracht. Weil ich ein Gefangener bin, kam ich gleich ins Isolierzimmer. Ich wollte keine Medikamente einnehmen, aus Angst, es handle sich wieder um eine betäubende Droge.«

Wie ist die Zwangsmedikation erfolgt?

»Jemand drehte mir den Arm auf den Rücken, ein anderer hielt mich am Kopf, ich konnte mich nicht wehren. Danach schlief ich.«

Was halten Sie davon?

»Ich brauchte das Medikament, es war nötig. Ich hätte mich sonst mehr gewehrt.«

Warum verweigerten Sie die Medikamenteneinnahme?

»Ich fühlte mich nicht krank. Ich hatte Angst, daß ich wie im Gefängnis betäubt würde.«

Wie wäre diese Situation vermeidbar gewesen?

»Wenn die Pfleger nicht gleich so brutal auf mich losgegangen wären, dann hätte ich die Tropfen genommen. Ein Polizist hatte mich am Kragen gepackt, dann bin ich wild geworden und dann ergriff mich ein Pfleger. Ich war so erregt, daß ich das Medikament nicht mehr hätte schlucken können, ich brauchte die Spritze.«

• Eine 41jährige Patientin

Weshalb kam es zur Gabe von Medikamenten gegen Ihren Willen?

»Ich war eingetreten, nachdem mir mein Psychiater gesagt hatte, ich könne wählen zwischen Medikamenten oder einem Klinikeintritt. Nachdem ich mich tagsüber ausgetobt hatte, ging ich nach Hause zum Schlafen, kam am anderen Tag wieder her und wollte mich erneut austoben, abends wollte ich dann wieder nach Hause austreten, da haben sie mich dann erwischt. 14 Tage lang hat man mir Nozinan und Haldol gespritzt, dann auch ohne mein Wissen Seresta und Valium; den ganzen Tag hat man mir Dalmadorm gegeben.«

Wie ist die Zwangsmedikation erfolgt?

»Ich habe eine Spritze erhalten. Ich bin still hingelegen, habe sie gefragt, ob sie wüßten, was sie machten. Bei der Spritze wurde ich festgehalten. Danach tobte ich, weil ich eine Wut hatte. Ich wollte mich wehren. Zwei bis drei Wochen lang war ich wahrscheinlich schon in einem Wahn. Ich wollte mich gegen das ganze Patriarchat (Klinikleitung) auflehnen.«

Was halten Sie von der Zwangsmedikation?

»Es war wahrscheinlich nötig, so wie ich gesponnen habe.«

Warum verweigerten Sie die Medikamenteneinnahme?

»Ich wollte die Medikamente nicht, weil ich ja den Klinikeintritt gewählt hatte anstelle der Medikamente.«

Wie wäre diese Situation vermeidbar gewesen?

»Ich weiß es nicht. Ich war so jenseits von Gut und Böse. Vielleicht mit Reden oder mit einer Entspannungstherapie.«

• Arztinterview zu dieser Patientin

Wie kam es zur Zwangsmedikation und wie ist diese erfolgt?

»Die Patientin war gerichtsärztlich eingewiesen worden, war mit der Hospitalisation nicht einverstanden, polterte an die Türe und gab mir eine Ohrfeige, als ich ihr sagte, sie könne nicht gehen. Ich erklärte ihr, sie müsse die Medikamente einnehmen und bot sie ihr an. Sie wollte nicht, wurde dann irgendwann ins Isolier-Zimmer gebracht. Dort erhielt sie das Medikament injiziert, ca. vier Pfleger waren dabei, sie wehrte sich, tobte auch nach der Injektion weiter. Ca. 1/2 Stunde danach schlief sie im Isolier-Zimmer ein.«

Wie fühlten Sie sich während der Zwangsmedikation?

»Es war adäquat, so zu handeln, aber es war kein erfreuliches Gefühl.«

Wie wäre diese Situation vermeidbar gewesen?

»Ich glaube nicht, daß man es hätte vermeiden können.«

Zusammenfassung

Mit Hilfe halbstrukturierter Interviews wurden 30 Kranke und 30 an Zwangsmedikationen beteiligte Mitarbeiterinnen und Mitarbeiter zu ihren Einstellungen und Gefühlen bei solchen Maßnahmen befragt. Danach brachten nur ein Fünftel der Kranken die durchgeführten Zwangsmaßnahmen mit subjektiv erlebtem Leiden in Zusammenhang. Ein Drittel dagegen hatte das Gefühl, man habe etwas gegen sie: Man habe sie betäuben, entmachten, vergiften, oder gar töten wollen. Dennoch empfanden zwei Fünftel der Kranken die Maßnahme als nötig oder als hilfreich. Für ein Drittel war sie demütigend, für ein Fünftel sinnlos; vier Kranke erlebten sie als Strafe. Fast die Hälfte begründete die Verweigerung damit, daß sie sich nicht krank gefühlt hätten. Ebenfalls die Hälfte der Kranken – und das scheint uns bemerkenswert – hatte Angst vor Nebenwirkungen.

Aus der Sicht der Hälfte der Kranken wäre die Zwangsmaßnahme vermeidbar gewesen, wenn man mit ihnen geredet, auf sie gehört hätte. Andere meinten, sie wäre vermeidbar gewesen, wenn man ihnen Zeit gelassen hätte, wenn sie sich hätten zurückziehen können, wenn man sie entlassen hätte oder wenn man sie vor der Aufnahme weniger grob behandelt hätte.

Die Behandelnden begründeten die Zwangsmaßnahmen zu drei Vierteln mit dem Krankheitszustand (»akute psychotische Symptomatik«), psychomotorische Erregtheit (drei Fünftel), akute Suizidalität und Nahrungs- und Flüssigkeitsverweigerung, zur Hälfte mit verbal aggressivem und provokativem Verhalten, ebenfalls fast zur Hälfte mit Tätlichkeiten der Kranken. Aber auch institutionelle Faktoren wurden genannt, etwa die Umstände der Aufnahme und die gespannte Situation auf der Abteilung.

Zu den Umständen der Zwangsmedikation verwiesen die Behandelnden regelmäßig darauf, daß sie eine »friedliche Lösung« suchten, bevor sie Zwang einsetzten und daß sie sich bemühten, das Ausmaß an Gewalt möglichst zu begrenzen. Ihre Empfindung in der Situation beschrieben sie als »nervös«, »gestreßt«, »unangenehm« oder im Einzelfall sogar als »schrecklich«. Dagegen stand in der Hälfte der Fälle die Antwort, daß die Entscheidung leicht gefallen, die Situation nicht unangenehm gewesen sei, weil die Indikation eindeutig gewesen sei. Grenzfälle wurden nur in einem Zehntel der Zwangsbehandlungen gesehen.

Entsprechend spärlich waren die Antworten auf die Frage, wodurch eine Zwangsbehandlung vermeidbar gewesen wäre: Die Zwangsmedikation wurde von Therapeutinnen und Therapeuten durchweg als nicht vermeidbar angesehen. Allenfalls wurde geltend gemacht, eine frühere Intervention hätte das Ausmaß an Zwang vermindern können.

9 Zwischen Hilfe und Gewalt Diskussion und Zusammenfassung der Ergebnisse

Ziel unserer Untersuchung war es, am Beispiel der Psychiatrischen Universitätsklinik Basel Aufschluß über Häufigkeit und Bedingungen der Zwangsmedikation, der Behandlung mit Psychopharmaka gegen den Willen der Kranken, zu gewinnen. Wir haben uns diesem Ziel auf vier verschiedenen Wegen genähert. Wir haben eine Stichprobe von 199 Patientinnen und Patienten befragt, die sich im Juni 1991 in der Klinik befanden; d.h. wir haben eine Bestandsanalyse durchgeführt.

In einem zweiten Ansatz haben wir 121 von 388 in Betracht kommenden Patienten anläßlich ihrer Entlassung befragt.

Wir haben zusätzlich mit Hilfe der obligatorischen Routinedokumentation der Klinik zwischen März und Oktober 1991 121 Zwangsbehandlungen bei 64 Patientinnen und Patientien prospektiv erfaßt und analysiert.

Wir haben schließlich 30 Kranke zu erlittenen und 30 Behandelnde zu durchgeführten Zwangsmedikationen interviewt.

Im vorliegenden Kapitel wollen wir versuchen, die vielfältigen Ergebnisse zu ordnen und auf ihre Aussagekraft zu prüfen. Bevor wir sie zueinander in Beziehung setzen, wollen wir die wichtigsten Ergebnisse der einzelnen Untersuchungsschritte noch einmal im Zusammenhang darstellen.

Die Stichpunkterhebung

Im Rahmen unserer Stichpunkterhebung befragten wir 199 von 400 Akut- und Langzeitpatienten unserer Klinik nach ihren Erfahrungen mit medikamentösen Zwangsbehandlungen. Die meisten von ihnen (72%) befanden sich nicht zum ersten Mal in der Klinik; zwei Fünftel blickten auf sechs und mehr Hospitalisierungen zurück. Die Hälfte litt an Psychosen aus dem schizophrenen Formenkreis.

31% der Kranken berichteten über Erfahrungen mit Zwangsmedikation, davon 19% auch während des derzeitigen Klinikaufenthaltes. Die Patienten mit Zwangsmedikations-Erfahrungen litten deutlich häufiger an schizophrenen Psychosen als die übrigen Kranken. Sie erhielten häufiger Neuroleptika, waren jünger und bemerkenswerterweise seltener hospitalisiert als die anderen. Obwohl sich mit dem niedrigeren Lebensalter der Zwangsmedizierten eine unserer Hypothesen bestätigt, überraschen diese beiden Befunde deshalb, weil in der Stichpunkterhebung neben anderen 45 Kranke von ausgesprochenen Langzeitabteilungen erfaßt wurden, die zum Teil Jahrzehnte in der Klinik verbracht haben und vor der Dauerhospitalisation vielfach entlassen und wieder aufgenommen worden sind.

Stellt man die Gruppen der jemals Zwangsmedizierten und der nie Zwangsbehandelten einander unmittelbar gegenüber, so wird deutlich, daß fast jeder zweite Schizophrene, jeder vierte Patient mit einer affektiven Psychose, aber kein Alkoholkranker und – mit Ausnahme einer auffälligen Gruppe von persönlichkeitsgestörten Patienten – nur selten Kranke mit anderen Diagnosen einer Zwangsbehandlung unterworfen worden sind.

Im Rahmen der Stichpunkterhebung haben wir eine spezifische Auswahl von Klinikpatienten erfaßt: Patientinnen und Patienten mit kurzer Verweildauer waren in der Minderheit; Kranke mit längerer Verweildauer und damit auch therapieresistente und chronisch psychisch Kranke, an denen die Psychiatrie mit ihren Möglichkeiten gescheitert ist, waren in der Mehrzahl. Es ist zu erwarten, daß der Anteil der Zwangsbehandelten, der in der Stichpunkterhebung immerhin bei fast einem Drittel lag, bei der Untersuchung neu aufgenommener oder entlassener Kranker deutlich niedriger wäre. Dennoch tun wir gut daran, die vorliegenden Befunde nicht zu unterschätzen. Die Patientinnen und Patienten mit längerer Verweildauer bestimmen das Milieu und die therapeutische Kultur einer psychiatrischen Institution in hohem Maße. Wenn ein Drittel der jeweils anwesenden Patienten medikamentöse Zwangsbehandlungen erfahren hatte, müssen wir davon ausgehen, daß die Zwangsmedikation, die Behandlung mit Psychopharmaka gegen den erklärten Willen, im Bewußtsein der Kranken fester Bestandteil der therapeutischen Kultur ist. Von um so größerer Bedeutung ist es, was sie dazu denken und empfinden.

Meinungen und Empfindungen der Kranken

Die Befragung zur Erkundung der Meinungen und der Empfindungen der Kranken, stützt sich auf deren Erinnerungen. Da das untersuchte Geschehen bei vielen längere Zeit zurücklag – bei mehr als einem Drittel betraf es eine frühere Hospitalisation – sind Ungenauigkeiten und Irrtümer im Einzelfall nicht auszuschließen. Dennoch sind die Ergebnisse aussagekräftig und in mancher Hinsicht bemerkenswert: Sie beruhen auf den Antworten von 54 Patientinnen und Patienten, acht sperrten sich gegen die Befragung.

Zwei Drittel der zwangsmedizierten Kranken waren ursprünglich freiwillig in die Klinik gekommen.

Ein Drittel der Kranken nahm die Medikamente unter Druck oral in Tabletten- oder Tropfenform ein. Bei den übrigen wurden intramuskuläre Injektionen vorgenommen. Bei einem Drittel waren zwei oder weniger Personen anwesend. Körperliche Gewalt wurde bei mehr als der Hälfte eingesetzt, darunter bei vier von fünf manisch Kranken und 22 von 37 Schizophreniekranken. Eine zusätzliche Isolierung wurde bei der Hälfte der Kranken durchgeführt.

Die Medikamentenverweigerung begründeten die Kranken am häufigsten mit fehlendem Krankheitsgefühl, mangelndem Verständnis von seiten der Therapeuten, Angst vor Nebenwirkungen. Darüber hinaus wurden als Antwort auf die offen formulierte Frage, die Mehrfachantworten erlaubte, vielfältige weitere Gründe genannt.

Drei Viertel der Kranken meinten in der Rückschau, die Zwangsmedikation wäre vermeidbar gewesen – durch ein Gespräch mit dem Arzt, durch Gespräche mit den Bezugspersonen oder durch Gespräche mit Angehörigen und Freunden. Des weiteren wurden körperliche Betätigung, Entspannung unter therapeutischer Anleitung, räumlicher Rückzug und andere Möglichkeiten genannt.

Die meisten Kranken erlebten die Zwangsmedikation auch aus der Rückschau negativ: zwei Fünftel als schwere Demütigung und Kränkung, fast ein Dritte als Strafe. Zwei Fünftel hielten sie auch retrospektiv für sinnlos. Nur ein Drittel gaben an, daß sie Erleichterung gebracht habe.

Auch wenn man in Betracht zieht, wie problematisch eine solche Befragung bei einer so unterschiedlich zusammengesetzten Patientengruppe ist, muß man doch festhalten, daß die subjektive Haltung der befragten Patienten ganz überwiegend negativ war.

Befragung bei der Entlassung

In den Monaten März, April und Mai 1991 befragten wir 112 von 388 Patientinnen und Patienten anläßlich der Entlassung aus unserer Klinik nach ihren Erfahrungen mit Zwangsmedikation. Wir hatten unerwartete Schwierigkeiten bei der Erfassung der Kranken zur Befragung. Vielfach versäumten die Mitarbeiterinnen und Mitarbeiter der Stationen, ihnen die Fragebogen rechtzeitig vorzulegen: Mitunter verließen die Patienten die Klinik zudem recht unvermittelt. Das galt insbesondere für Kranke, die zu kurzzeitigen stationären Kriseninterventionen oder zum Suchtmittelentzug aufgenommen worden waren. So kommt es, daß unsere Ergebnisse bei diesem Teil der Untersuchung recht lückenhaft sind.

In der untersuchten Patientenpopulation waren Kranke mit schizophrenen und affektiven Pychosen und Kranke mit einer größeren Verweildauer aufgrund solcher unerwünschter Selektionsmechanismen überrepräsentiert. Da schizophrene und manisch Kranke relativ häufiger von Zwangsmaßnahmen betroffen sind als Patientinnen und Patienten mit anderen Störungen müssen wir mit einer entsprechenden Verzerrung der Ergebnisse rechnen:

22% gaben an, sie seien im Laufe ihrer Psychiatriekarriere mindestens einmal gegen ihren Willen mit Medikamenten behandelt worden. 13% berichteten über eine Zwangsmedikation während der jetzigen Hospitalisation. Für fünf von ihnen war es eine Wiederholung der Erfahrung aus früheren Krankenhausaufenthalten. Elf Kranke waren ausschließlich bei früheren Krankenhausaufenthalten zwangsbehandelt worden.

Diagnostisch waren die schizophrenen Kranken unter den Zwangsbehandelten signifikant überrepräsentiert. Mit zwei Ausnahmen betrafen alle Zwangsbehandlungen Schizophrene, obwohl die Gruppe der Kranken mit anderen Diagnosen 59% der Untersuchungspopulation ausmachte. Mit anderen Worten: Jeder zweite Schizophrene war irgendwann einmal zwangsmediziert worden, aber nur jeder 30. Patient mit einer anderen psychischen Störung; bezogen auf die letzte Hospitalisation war es jeder vierte schizophrene Kranke.

Diese Ergebnisse lassen sich im Hinblick auf die Selektion bei der Erfassung der Untersuchungspopulation nur mit großer Zurückhaltung und unter Vorbehalten verallgemeinern. Trotz dieser Einschränkung bestätigt sich unsere Erwartung, daß der Anteil der Kranken, die Zwangsbehandlungen unterzogen worden waren, im Vergleich zur Stichpunkterhebung im Rahmen der Bestandsanalyse niedriger ist. Er betrug 22% gegenüber 31% für jene, die jemals zwangsmediziert worden sind und 13% gegenüber 19% bei jenen, die während des derzeitigen Klinikaufenthaltes zwangsbehandelt worden sind. Unverändert groß bleibt der Anteil der Schizophrenie-Kranken. Wie in der Bestandesanalyse ist auch jeder zweite der bei der Entlassungsbefragung erfaßten Schizophrenen im Laufe seiner Psychiatriekarriere irgendwann einmal gegen seinen Willen mit Medikamenten behandelt worden. Dies ist ohne Zweifel ein bedrückendes Ergebnis.

Die prospektive Untersuchung

Seit Anfang 1991 wird in unserer Klinik über jede medikamentöse Zwangsbehandlung ein Protokoll angefertigt, das der ärztlichen- und Pflegeleitung unverzüglich zugeleitet werden muß. Über diese obligatorische Organisation erfaßten wir in einem prospektiven Untersuchungsansatz von März bis Oktober 1991 62 Kranke, die sich 121 mal einer Medikation gegen ihren Willen unterziehen mußten. Bezogen auf die Gesamtzahl der Aufnahmen waren das 5,7%, unter Einschluß der Krisenpatienten 4,7%, bezogen auf die Behandlungsepisoden (anwesende plus neu aufgenommene bzw. entlassene Patienten) 3,7%.

Betroffen waren zu 79% Schizophreniekranke. Mit großem Abstand folgten Kranke mit affektiven Psychosen, dabei ausschließlich Maniker (8%) und Kranke mit Persönlichkeitsstörungen (6%). Die Schizophreniekranken waren gegenüber der Gesamtzahl der Aufnahmen fast um das dreifache überrepräsentiert, die Maniker um das sechsfache: 16% aller neu aufgenommenen Schizophrenen und 20% aller Maniker wurden gegen ihren Willen mit Medikamenten behandelt.

Damit relativiert sich zumindest für den derzeitigen Aufenthalt der extrem hohe Anteil der von Zwangsmaßnahmen betroffenen Schizophreniekranken, den wir bei der Bestandsanalyse und der Entlassungsuntersuchung feststellen mußten. Nach der prospektiven Untersuchung war nicht jeder zweite betroffen, sondern, bezogen auf den derzeitigen Aufenthalt, jeder sechste Schizophrene. Aber auch das ist nicht wenig; auch dieser Anteil ist bedrückend hoch.

Die 62 Patientinnen und Patienten wurden 121 Zwangsmaßnahmen unterzogen, davon 77% jeweils nur einmal, 11% zweimal. Die erste Zwangsmedikation erfolgte bei 39% der Kranken am Eintrittstag, einem weiteren Drittel am Tage nach der Aufnahme.

Tageszeitlich ergaben sich Häufungen zwischen 8.00 und 14.00 Uhr sowie zwischen 18.00 und 20.00 Uhr. Dies könnte ein Hinweis darauf sein, daß die meisten solcher Maßnahmen nicht aus dem Stand erfolgen, sondern daß die Situation sich allmählich aufbaut, bis eine Entscheidung zum Handeln in den Eckzeiten der Routinearbeitszeit fällt.

Daß die erste Intervention am häufigsten am Aufnahmetag erfolgte, ist kaum überraschend. Dennoch stellt sich die Frage, ob solche Eile in jedem Falle unabdingbar war, ob die Zwangsmaßnahme nicht in manchen Fällen bei längerem Zuwarten vermeidbar gewesen wäre. Unsere Daten liefern darauf keine Antwort. Die subjektive Überzeugung einzelner Mitarbeiter, wie sie in den Interviews geäußert worden ist, steht dagegen.

Daß die Zwangsmedikation bei mehr als drei Viertel der betroffenen Kranken ein einmaliger Akt geblieben ist, ist auf den ersten Blick ermutigend. Die Frage bleibt jedoch offen, ob die Intervention die gewünschte Beruhigung und Linderung der Krankheitssymptomatik gebracht hat, oder ob die Kranken erkannt haben, daß Widerstand zwecklos ist. Bei jenen vier Patientinnen, die sechs, sieben, 14 und 19 Zwangsinjektionen erhielten, spricht alles dafür, daß es die Komplexität der Erkrankung war (in einem Fall ein Hirntumor), die sie daran hinderte, die notwendige Behandlung zu akzeptieren.

Orte der Zwangsmaßnahmen waren die geschlossenen Abteilungen der Allgemeinpsychiatrie. Die zentrale Notaufnahmestation führte mit großem Abstand. Dort wurden fast zwei Drittel aller zwangsmedizierten Patienten behandelt und 42% aller Zwangsbehandlungen durchgeführt. Es folgten die beiden übrigen geschlossenen Abteilungen mit je einem Viertel. Die alterspsychiatrische Aufnahmeabteilung lag mit 3% der Patienten und der Maßnahmen weit zurück.

Die zentrale Notaufnahmestation hat den größten Patientendurchgang in der Klinik. Sie hat im Jahr etwa 900 Behandlungsepisoden zu bewältigen. Das ist eine von zwei möglichen Erklärungen für ihre Spitzenreiterposition. Die andere betrifft die institutionellen Rahmenbedingungen, die räumliche Enge, die Hektik, den Aufnahmedruck, die Notwendigkeit zu schnellen Lösungen. Die Reform des Aufnahmeverfahrens der Klinik mit Direktaufnahmen auf möglichst vielen Stationen, die in Kürze verwirklicht wird, wird zeigen, welche Rolle dieser institutionelle Aspekt im Zusammenhang mit der Zwangsmedikation spielt.

Begründet wurden die Maßnahmen von den Therapeuten in der Dokumentation außer mit der Krankheit selber (»psychotisch«) mit Adjektiven wie fremdgefährlich, aggressiv, selbstgefährlich, tätlich, gespannt, unruhig, angetrieben, erregt.

Die Durchsetzung erfolgte bei einer Minderheit (6%) durch die Androhung von Nachteilen wie Sperrung von Ausgang oder Urlaub und bei fast einem Drittel durch die Ankündigung von Zwang oder Isolierung. Gegenüber zwei Dritteln wurde körperliche Gewalt angewendet. In der ersten Kategorie, der »Ankündigung von empfindlichen Nachteilen«, bewegen wir uns in einer Grauzone zwischen Überredung und Nötigung. Vieles spricht dafür, daß die Therapeuten dazu neigen, das Ausmaß an Druck, das sie ausüben, zu bagatellisieren. Am Ende bleibt offen, ob die Verknüpfung der Gewährung von Ausgang und Urlaub mit der Medikamenteneinnahme therapeutische Konsequenz oder Nötigung ist.

Wir haben diese Grauzone bewußt mit in die Dokumentationspflicht und in diese Untersuchung aufgenommen, um die Grenzen zwischen mutmaßlicher Freiwilligkeit und den gravierenderen Formen von Zwang unterscheiden zu können.

Ein Drittel der Patienten nahmen das Medikament unter Druck oral als Tablette oder Flüssigkeit ein, zwei Drittel erhielten eine intramuskuläre Injektion. Eine zusätzliche Isolation wurde bei immerhin 61% der Kranken durchgeführt.

Die am häufigsten eingesetzten Medikamente waren Haldol bei mehr als der Hälfte aller Zwangsmaßnahmen (davon nur zweimal mehr als 10 mg), Valium bei 34%, Nozinan (Neurocil) bei 31%. Die Dosis lag bei Valium bei 10 mg oder weniger, bei Nozinan

(Neurocil) 7mal bei 100 mg und in den übrigen 31 Fällen darunter. Unterschiede zwischen Männern und Frauen sind nicht festzustellen. Kombinationen von zwei Medikamenten waren häufig – meist Haldol mit Valium oder mit einem niederpotenten Neuroleptikum.

Zwei quantitativ weniger bedeutsame Befunde seien dennoch besonders hervorgehoben, weil die Autoren sie als problematisch betrachten. Der erste betrifft den Einsatz von Clopixol-Acutard in immerhin 18 Fällen (15%). Es handelt sich dabei um ein Depot-Neuroleptikum mit einer Wirkungsdauer von etwa drei Tagen. Das Präparat wird von manchen Kliniken spezifisch bei Zwangsmaßnahmen befürwortet – mit dem Argument, es mindere die Wiederholungsnotwendigkeit. Der Preis ist eine Einschränkung der Steuerungsmöglichkeit der Dosis und die Verlängerung des Zwangsaktes gegenüber dem Patienten. Die Tatsache, daß bei mehr als drei Vierteln unserer Patienten keine Wiederholung der Zwangsmaßnahme notwendig war, unterstreicht unsere Zweifel und unsere Vorbehalte.

Der zweite Befund betrifft den Einsatz von Clozapin (Leponex). Unseres Erachtens ist die Erstmedikation von Leponex gegen den erklärten Willen der Betroffenen in der Regel nicht zulässig. Bei den erfaßten Behandlungen ging es um die Fortführung von Langzeittherapien, die durch intermittierende psychische Krise und Verschlimmerungen in Frage gestellt worden waren.

Die Interviews

Mit Hilfe halbstrukturierter Interviews befragten wir 30 Kranke und 30 an Zwangsmedikationen beteiligte Mitarbeiterinnen und Mitarbeiter zu ihren Einstellungen und Gefühlen bei solchen Maßnahmen. Danach brachten nur ein Fünftel der Kranken die durchgeführten Zwangsmaßnahmen mit subjektiv erlebtem Leiden in Zusammenhang. Ein Drittel dagegen hatte das Gefühl, man habe etwas gegen sie: Man habe sie betäuben, entmachten, vergiften, oder gar töten wollen. Dennoch empfanden zwei Fünftel der Kranken die Maßnahme als nötig oder als hilfreich. Für ein Drittel war sie demütigend, für ein Fünftel sinnlos; vier Kranke erlebten sie als Strafe.

Fast die Hälfte begründete die Verweigerung damit, daß sie sich nicht krank gefühlt hätten. Ebenfalls die Hälfte der Kranken – und das scheint uns bemerkenswert – hatte Angst vor Nebenwirkungen. Aus der Sicht der Hälfte der Kranken wäre die Zwangsmaßnahme vermeidbar gewesen, wenn man mit ihnen geredet, auf sie gehört hätte. Andere meinten, sie wäre vermeidbar gewesen, wenn man ihnen Zeit gelassen hätte, wenn sie sich hätten zurückziehen können, wenn man sie entlassen hätte oder wenn man sie vor der Aufnahme weniger grob behandelt hätte.

Die Behandelnden begründeten die Zwangsmaßnahmen mit dem Krankheitszustand (»akute psychotische Symptomatik«), psychomotorischer Erregtheit, akuter Suizidalität und Nahrungs- und Flüssigkeitsverweigerung, mit verbal aggressivem und provokativem Verhalten, oder Tätlichkeiten der Kranken. Aber auch institutionelle Faktoren wurden genannt, etwa die Umstände der Aufnahme und die gespannte Situation auf der Abteilung.

Zu den Umständen der Zwangsmedikation verwiesen die Behandelnden regelmäßig darauf, daß sie eine »friedliche Lösung« suchten, bevor sie Zwang einsetzten und daß sie sich bemühten, das Ausmaß an Gewalt möglichst zu begrenzen. Ihre Empfindung in der Situation beschrieben sie als »nervös«, »gestreßt«, »unangenehm« oder im Einzelfall sogar als »schrecklich«. Dagegen stand in der Hälfte der Fälle die Antwort, daß die Entscheidung leicht gefallen, die Situation nicht unangenehm gewesen sei, weil die Indikation eindeutig gewesen sei.

Grenzfälle wurden nur in einem Zehntel der Zwangsbehandlungen gesehen. Die Zwangsmedikation wurde von Therapeutinnen und Therapeuten durchweg als nicht vermeidbar angesehen. Allenfalls wurde geltend gemacht, eine frühere Intervention hätte das Ausmaß an Zwang vermindern können.

Die qualitative Analyse der Interviews macht deutlich, wie unterschiedlich die Kranken und ihre Therapeuten die gleiche Situation gelegentlich wahrnehmen. In einem Beispiel meint eine Ärztin: »Die Patientin wies jegliche Zuwendung ab und wirkte gleichzeitig hilfesuchend. Die Injektion verlief wie ein Ritual«. Die Patientin hingegen klagt: »Die Ärztin hatte nie Zeit für mich, man hat mir nie zugehört. Wenn ich alles hätte sagen können, wäre diese Situation zu umgehen gewesen.«

Im übrigen gehen aus den Interviews Bedrohung, Angst und Schuldgefühle von Kranken sowie Angst und Gefühle der Bedrohung bei Therapeutinnen und Therapeuten hervor. Fast stereotyp wiederholt sich die Klage der Kranken, die Therapeuten seien nicht auf sie eingegangen. Das folgende Zitat steht für viele andere: »Wenn man mir nur zugehört hätte und ich eine Möglichkeit gehabt hätte, mich zurückzuziehen, wäre diese Situation vermeidbar gewesen. Wenn nur ein Raum vorhanden gewesen wäre, wo ich mich unter Aufsicht eines Pflegers oder einer Krankenschwester hätte ausruhen und schlafen können. Auch ein Gespräch mit dem Arzt hätte mir geholfen...«

Weitgehende Bestätigung der Hypothesen

Unseren verschiedenen Untersuchungsansätzen lagen acht im Methodenkapitel formulierte Hypothesen zugrunde. Diese sind durch die drei empirischen Untersuchungsschritte im wesentlichen bestätigt worden:

1. Die Zwangsmaßnahmen werden mit wenigen Ausnahmen bei Kranken der geschlossenen Akutabteilungen durchgeführt. Eine besondere Häufung findet auf der zentralen Aufnahme- und Notfallstation statt.

2. Kranke, die gegen ihren Willen mit Medikamenten behandelt werden, leiden mit hoher Wahrscheinlichkeit an Psychosen aus dem schizophrenen Formenkreis oder an Manien. Diese Annahme bestätigt sich in allen drei Ansätzen (siehe Tab. 19).
   Diese Zusammenfassung der Daten aus drei Studien enthält eine Verzerrung, weil die Stichpunkterhebung und die Entlassungsbefragung auch Zwangsbehandlungen bei früheren Hospitalisierungen berücksichtigen. Bereinigt man diese Verzerrung durch Ausschluß früherer Hospitalisierungen, wird die besondere Belastung der schizophrenen Kranken mit 88% in der Stichpunkterhebung noch deutlicher. In der Entlassungsbefragung wurde wegen der kleinen Zahlen auf eine weitere Aufschlüsselung verzichtet.

Diagnose Nach ICD-9	Stichpunkts-erhebung	Entlassungs-befragung	Prospektive Untersuchung
295, 297	71 %	92 %	97 %
296	10 %	4 %	8 %
300, 301	11 %	–	6 %
303, 304	2 %	4 %	3 %
andere	8 %	–	3 %

Tab. 19: *Diagnosenverteilung der zwangsmedizierten Patienten*

3. Kranke, die gegen ihren Willen Medikamente erhalten, bekommen gehäuft Neuroleptika. Diese Annahme könnte man als Zirkelschluß abtun: Wenn Schizophreniekranke und Maniker gehäuft zwangsbehandelt werden, ist zwingend zu erwarten, daß sie auch gehäuft die Medikamente erhalten, die bei diesen Krankheiten indiziert sind. Die Verhältnisse sind jedoch komplizierter: Auch die Zwangsmedizierten anderer Diagnosegruppen erhalten bemerkenswerterweise gehäuft Neuroleptika. Diese Befunde sind in beiden Untersuchungen, die einen Vergleich zwischen Zwangsmedizierten und nicht Zwangsbehandelten erlauben, signifikant.
4. Die Zwangsmedikation ist in der Regel eine einmalige Angelegenheit: Mehr als drei Viertel der betroffenen Kranken werden nur einmal zwangsmediziert.
5. Die fünfte Hypothese, der Zwangsmedikation sei in der Regel eine Zwangseinweisung vorausgegangen, bestätigt sich überraschenderweise nur in der prospektiven Untersuchung. In ihr betrug der Anteil der ursprünglich Zwangseingewiesenen 80%. In der ergänzenden Befragung zur Stichpunkterhebung bei der Analyse des Patientenbestandes gaben dagegen 63% der Kranken an, sie seien ursprünglich freiwillig zur Aufnahme gekommen. Es sei hinzugefügt, daß hier bei einem Teil der Kranken eine lückenhafte Erinnerung oder ein Mißverständnis in Betracht kommt. Die gerichtsärztliche Einweisung wird von relativ vielen Patientinnen und Patienten gar nicht als Zwangsmaßnahme begriffen.
6. Die Zwangsbehandlung erfolgt am häufigsten am ersten oder am zweiten Behandlungstag. Nach dem Ende der ersten Behandlungswoche wird eine Zwangsmedikation eher unwahrscheinlich.

7. Die Annahme, Kranke ohne psychiatrische Krankenhaus-Vorerfahrung würden häufiger gegen ihren Willen mit Medikamenten behandelt als solche, die schon mit der Psychiatrie zu tun gehabt haben, läßt sich nicht halten. Die Ergebnisse aus den unterschiedlichen Untersuchungsansätzen sind uneinheitlich. In der Stichpunkterhebung ist der Anteil der Zwangsbehandelten unter den Erstaufgenommenen etwas (aber nicht signifikant) niedriger als unter den Wiederaufgenommenen. Dagegen liegt die Durchschnittszahl der vorangegangenen Hospitalisationen bei den Zwangsmedizierten niedriger als bei den nie Zwangsmedizierten. Bei der Entlassungsbefragung ergeben sich keine Unterschiede, bei der prospektiven Untersuchung schließlich fehlt eine Vergleichsgruppe.
8. Jüngere Kranke werden häufiger zwangsmediziert als ältere. Diese Annahme bestätigt sich in der Stichpunkterhebung und in der Entlassungsbefragung. Mit 44 gegenüber 52 Jahren, sowie mit 36 gegenüber 45 Jahren waren die Zwangsmedizierten jeweils signifikant jünger.
9. Eine Hypothese zur Verweildauer ist nicht formuliert worden. Bei der Entlassungsuntersuchung liegt sie bei den Zwangsmedizierten im Durchschnitt (aber nicht signifikant) niedriger als die der nicht Zwangsbehandelten. Bei der prospektiven Untersuchung liegt ihr Median um einige Tage über dem der Gesamtklinik. Wir können also zumindest die Befunde einiger früherer Untersucher nicht bestätigen, daß zwangsbehandelte Kranke früher entlassen werden als andere.

Gründe der Zwangsbehandlung

Eine Zwangsbehandlung wird durchgeführt, weil die Behandelnden den Kranken (oder sich) nicht anders zu helfen wissen. Die Ursachen dafür können in der Krankheit, im Kranken, in den institutionellen Rahmenbedingungen und in der Einstellung oder der Kompetenz der Therapeuten liegen. Die Kranken erleben die Zwangsmaßnahme häufig als willkürlich, als vorschnell und als überflüssig. In den Interviews äußern sie immer wieder, sie wäre vermeidbar gewesen, wenn man mit ihnen geredet, auf sie gehört hätte, wenn man ihnen Zeit gelassen hätte, wenn sie sich hätten zurückziehen können. Nur eine Minderheit bringt sie unmittelbar mit ihren subjektiv erlebten Leiden in Verbindung. Wenn einzelne als Gründe für die Medikamentenverweigerung äußern, man habe sie töten, sie vergiften wollen, wird das Dilemma offensichtlich: Solche Gründe der Verweigerung sind für die Behandelnden eher Gründe zu prüfen, ob eine Zwangsbehandlung notwendig ist.

Die verantwortlichen Therapeutinnen und Therapeuten nennen denn auch vorrangig Krankheitsymptome als Grund für die Zwangsmedikation: akute psychotische Symptomatik, Angst, Sinnestäuschungen, psychomotorische Erregung, Nahrungs- und Flüssigkeitsverweigerung bei Katatonie. Allerdings dürfen institutionelle Gründe, Abwehr vermeintlicher oder tatsächlicher Gefahren und Ordnungsgesichtspunkte nicht übersehen werden: So wird die Eskalation der Situation vor Klinikeintritt, die gespannte Situation auf der Abteilung ebenso genannt, wie Tätlichkeiten von seiten der Kranken gegenüber Mitpatienten und Personal und aggressives oder provokatives Verhalten. Letztere Begründung ist natürlich ein weites Feld.

Anders als die Kranken betrachten die Behandelnden die Zwangsmedikation in den konkreten Fällen, nach denen gefragt worden war, durchweg nicht als vermeidbar. Alternativen werden in den Interviews erwogen, aber wieder verworfen. Eine der vorgeschlagenen Alternativen wird zum Plädoyer für eine raschere und weniger zurückhaltende Intervention: Vier Therapeuten meinen, die Zwangsmedikation wäre vermeidbar gewesen, wenn man nicht so lange zugewartet hätte, wenn man schneller eingegriffen hätte.

Dennoch wäre es falsch, daraus den Schluß zu ziehen, die Behandelnden würden sich nicht bemühen, Zwangsmaßnahmen zu vermeiden. Es sei daran erinnert, daß die Interviews sich auf tatsächlich durchgeführte Zwangsmaßnahmen bezogen, auf konkrete Einzelsituationen. In allen war ein Entscheidungsprozeß vorausgegangen, dessen Ergebnis der Entschluß zum Handeln gewesen war. Wir wissen nicht, in wievielen anderen Situationen ein anderer Entscheid gefallen ist, in wievielen Alternativen zum Handeln gegen den Willen der Kranken gefunden worden sind. Weder unsere empirischen Untersuchungsansätze, noch die begrenzte Fragestellung der Interviews ist geeignet, darüber Aufschluß zu vermitteln. Daß wir alle jene Situationen nicht erfaßt haben, in denen Kranke die Medikation verweigert haben, ohne daß dies Zwangmaßnahmen zur Folge hatte, ist im übrigen eine der wesentlichen Schwächen unseres Untersuchungsansatzes. Die Beantwortung dieser Frage bedarf weiterer Forschungen.

Umstände der Zwangsmedikation

Gemeinhin ist die Zwangsmedikation mit der Vorstellung verbunden, der Kranke werde von einer Gruppe kräftiger Pfleger (und Schwestern) festgehalten und mehr oder weniger niedergespritzt. Wir begreifen die medikamentöse Zwangsbehandlung bewußt anders. Für uns ist jede Maßnahme, die nicht dem erklärten Willen der Kranken entspricht, eine Zwangsmaßnahme. Wenn er seine Haltung ändert, ist seine Zustimmung für uns nur dann freiwillig, wenn sie durch Überzeugung, allenfalls durch Überredung, nicht aber wenn sie durch Drohung, Nötigung oder die Ausübung von Druck erreicht worden ist. So kommt es, daß in der prospektiven Untersuchung 37% der Ankündigung von Nachteilen oder von Zwang nachgeben. Gegenüber zwei Dritteln (63%) wird tatsächlich Gewalt angewendet. Dieser Anteil liegt bei den Patienten der Stichpunkterhebung nach deren Erinnerung mit 56% etwas niedriger. Der Hinweis, daß körperliche Gewalt am häufigsten bei manisch Kranken eingesetzt worden ist, entspricht der klinischen Erfahrung.

Der Relation zwischen Androhung und tatsächlich ausgeübtem Zwang entspricht die Applikationsart der Medikamente. In der Stichpunkterhebung wie in der prospektiven Untersuchung nehmen jeweils ein Drittel der Kranken die Medikamente oral als Tabletten oder Tropfen ein. Zwei Drittel erhalten Injektionen. Dabei fällt auf, daß nur in einem Einzelfall eine intravenöse Injektion verabreicht wurde. Dies ist Ausdruck der spezifischen therapeutischen Kultur in der untersuchten Klinik.

Ausdruck des Ausmaßes der eingesetzten Gewalt und der Bedrohlichkeit der Situation ist die Anzahl der bei der Durchführung der Zwangsmaßnahme anwesenden Personen. Sind es nur die Ärztin und die Schwester, kann man rückschließen, daß es sich um eine wenig gewalttätige Situation handelt. Sind es sechs oder mehr Personen, ist die Situation als bedrohlich einzuschätzen. In der Stichpunktuntersuchung sind in 30% der Fälle nur zwei Personen anwesend, in 20% mehr als fünf. In der prospektiven Untersuchung ist diese Frage wegen unzulänglicher Angaben nicht beantwortbar.

Auffällig ist, wie häufig zusätzlich zur Zwangsmedikation isoliert wird: 61% in der prospektiven Studie und fast die Hälfte in der Stichpunkterhebung sind davon betroffen. Auch dies dürfte Ausdruck der traditionellen therapeutischen Kultur der untersuchten Klinik sein – und vermutlich auch eine Folge der Bevorzugung der langsam wirkenden intramuskulären gegenüber der rasch wirkenden intravenösen Injektion.

Erleben und Einstellung

Die Kranken erleben die Zwangsmedikation durchweg als Demütigung, Kränkung oder Strafe. Nur wenige erleben eine unmittelbare »erlösende« Erleichterung. In dieser Hinsicht unterscheiden sich die ergänzende Befragung zur Stichpunkterhebung und die Interviews in Verbindung mit der prospektiven Untersuchung nur geringfügig. In der Retrospektive kann etwa die Hälfte der betroffenen Kranken die Notwendigkeit der Intervention mehr oder weniger begreifen. Dennoch bleibt das demütigende, kränkende Erleben für viele bestehen. Für zwei Drittel bleibt die Zwangsmedikation auch in der Rückschau eine Erfahrung, die vermeidbar gewesen wäre, wenn die Behandelnden angemessener auf sie eingegangen wären.

Die Therapeutinnen und Therapeuten schildern ihre Befindlichkeit im Zusammenhang mit der Zwangsbehandlung als »nervös«, »gestreßt«, »unangenehm« oder im Einzelfall als »schrecklich«. Die Interviews offenbaren aber auch Angst und das Gefühl der Bedrohung bei den Behandelnden. Diese Empfindungen werden aber eher zögernd eingeräumt.

Häufigkeit der Zwangsbehandlungen

Die Frage der Häufigkeit haben wir im Laufe unserer Untersuchung mehrfach angesprochen. Wir wollen sie hier noch einmal aufnehmen, weil die Quantität von Zwangsmaßnahmen nach allgemeiner Übereinstimmung etwas über die Qualität psychiatrischer Betreuung und Versorgung aussagt. In der internationalen Literatur schwanken die Angaben über die Häufigkeit beträchtlich.

Appelbaum und Hoge (1990) berichten über Verweigerungsquoten von 1–15%. Schmied und Ernst (1983) und Walti (1988) berichten für das Züricher Burghölzli von Zwangsinjektionen bei jedem sechsten bis achten Kranken (orale Verabreichung von Medikamenten wurde offenbar nicht erfaßt). Hoge und Mitarbeiter (1990) erfassen in einer multizentrischen prospektiven Untersuchung 7,2% der psychosekranken Patienten als Medikamentenverweigerer über einen Zeitraum von mehr als 24 Stunden. Sie erfassen, anders als uns das möglich war, auch diejenigen Kranken, bei denen die Medikamentenverweigerung keine Zwangsbehandlung zur Folge hatte: Dies waren immerhin vier Fünftel aller Betroffenen, die sich zum beträchtlichen Teil innerhalb einer Woche von der Notwendigkeit der Medikamenteneinnahme überzeugen ließen oder die sich mit ihren Therapeuten darüber einigten, auf einen Medikamenteneinsatz vorerst zu verzichten. Wie hoch die Quote der Zwangsbehandelten am Ende ist, hängt zum einen gewiß von der therapeutischen Kultur der jeweiligen Institution und ihrer Bereitschaft ab, die Bedingungen der Behandlung mit den Kranken auszuhandeln. Dabei darf man jedoch nicht übersehen, daß unterschiedliche Untersuchungsansätze und unterschiedliche Definitionen von Zwangsmaßnahmen das Bild entscheidend verändern können. Unsere unterschiedlichen Ansätze mit jeweils anderen Ergebnissen unterstreichen das.

Darüber hinaus ist die Klientel der untersuchten Institution in Rechnung zu stellen: Ist der Anteil der Suchtkranken hoch und der der Psychosekranken gering, ist mit einer niedrigen Zwangsmedikationsrate zu rechnen. Werden nur wenige Suchtkranke, aber viele Kranke mit schizophrenen und affektiven Psychosen behandelt, ändert sich das Bild.

Im übrigen ist die Bezugsgröße von entscheidender Bedeutung. In unserer Bestandsanalyse haben wir festgestellt, daß 31% der 199 erfaßten Kranken Erfahrungen mit medikamentösen Zwangsbehandlungen hatten. Das ist sehr viel. Bei der prospektiven Untersuchung haben wir festgestellt, daß bezogen auf die 1682 Behandlungsepisoden im Untersuchungszeitraum nur 3,7% der Kranken von medikamentöser Zwangsbehandlung betroffen waren. Das ist wenig. Jeder dritte Kranke, der zum Zeitpunkt der Stichpunkterhebung in der Klinik anwesend war, hatte irgendwann eine medikamentöse Zwangsbehandlung erlitten. Das ist viel. Rechnet man die 121 Einzelbehandlungen gegen den Willen der Kranken in der prospektiven Untersuchung aber auf die Zahl der Behandlungstage aller Patienten der Klinik während des Untersuchungszeitraumes um – das sind 100.000 –, kommt man auf 1,21 Zwangsmedikationen auf 1000 Behandlungstage. Das ist wenig: Man kann also statistisch gut und gerne zwei Jahre und drei Monate in der Klinik verbringen, ohne daß man von einer Zwangsbehandlung betroffen ist.

Die Wirklichkeit ist natürlich anders. Die Risiken sind ungleich verteilt. Schizophrene und manisch Kranke sind, wie bereits mehrfach hervorgehoben, besonders häufig betroffen. In der Stichpunkterhebung und in der Entlassungsbefragung war jeder zweite Schizophreniekranke irgendwann im Lauf seiner Psychiatriekarriere von einer Zwangsmedikation betroffen. In der prospektiven Untersuchung waren es 16% der Schizophreniekranken und 20% der manisch Kranken bezogen auf die Zahl der Aufnahmen mit den gleichen Erkrankungen während des Untersuchungszeitraumes.

Dies ist eine realistische Dimension unter den heutigen Bedingungen in der Psychiatrischen Universitätsklinik Basel. Und das ist bedrückend viel. Setzt man andere Diagnosengruppen dagegen, ergibt sich ein viel positiveres Bild. Nur 1% von ihnen ist betroffen, einer von hundert.

Patienten, die nicht schizophreniekrank oder manisch sind, riskieren alle 10.000 Behandlungstage eine Zwangsmedikation. Sie können statistisch 23 Jahre in der Klinik verbringen, ohne daß sie sich dem Risiko einer Zwangsbehandlung aussetzen.

Dies kann jedoch kein Grund zur Zufriedenheit sein. Wir sind aufgefordert, jenen Kranken gerecht zu werden, die in besonderer Weise gefährdet sind, eine Behandlung gegen ihren Willen zu erleiden. Eine Antwort auf die Frage, ob und inwieweit wir diese Aufgabe erfüllen, kann unsere Untersuchung nicht geben. Ihre Fragestellung und ihre methodologischen Schwächen erlauben das nicht. Unsere epidemiologischen Daten versetzen uns in den Stand, manche pauschale Verdächtigung der Psychiatrie als Institution der allgegenwärtigen Gewalt zurückzuweisen. Die Frage der Zuspitzung im Einzelfall und der Vermeidbarkeit von Zwangsbehandlungen bedarf weiterer Nachforschungen.

10 Hilfe wider Willen – eine moralische Frage

Empirische Daten, wie wir sie erhoben und diskutiert haben, können die Frage, ob die Zwangsbehandlung psychisch Kranker unter bestimmten Voraussetzungen legitim ist oder nicht, nur unzulänglich beantworten. Letztlich ist das eine moralische Frage:

Es gibt Situationen, in denen psychisch Kranke ein Recht darauf haben, daß ihnen gegen ihren erklärten Willen geholfen wird. Wenn wir uns vorstellen, selbst zu erkranken, wenn wir in eine tiefe Depression versinken, wenn eine Psychose es uns unmöglich macht, unsere eigene Situation zu erkennen und zu beurteilen, dann wünschen wir uns, daß es Menschen gibt, die uns helfen – die gegebenenfalls auch mutig genug sind, uns die notwendige Hilfe aufzuzwingen. Das ist unsere ärztliche Überzeugung. Sie mag wie ein Plädoyer zur Gewalt gegen psychisch Kranke zu deren Besten erscheinen – zu deren Besten, weil wir Fachleute es besser wissen. Aber das ist nicht so.

Wir sind zugleich davon überzeugt, daß jede Behandlung gegen den Willen der Kranken eine zuviel ist. Psychisch Kranke haben wie alle anderen Menschen auch das Recht auf Respektierung ihres Willens. Sie haben das gleiche Recht wie andere Menschen, sich über ihre Behandlungsbedürftigkeit zu täuschen und die Behandlung zu verweigern. Tausende körperlich Kranke tun das jeden Tag. Solche Argumente sind richtig und wichtig. Aber sie bedürfen der Einschränkung. Sie tragen dann nicht mehr, wenn es die Krankheit selbst ist, die die Betroffenen in ihrer Urteilsfähigkeit so verändert, daß sie nicht mehr wahrnehmen und beurteilen können, was richtig für sie ist und was sie wirklich wollen.

Freiheit vor Behandlung

Dürfen wir im Namen des Rechtes auf Selbstbestimmung das Leben von Kranken aufs Spiel setzen? Diese Frage ist falsch gestellt. Sie muß lauten: Dürfen Kranke unter Berufung auf ihre freie Willensentscheidung ihr Leben aufs Spiel setzen? Das mag uns widersinnig erscheinen – insbesondere uns, die wir in therapeutischen Berufen arbeiten. Aber genau dies ist der Fall. Selbst der fürsorgerische Freiheitsentzug, das Unterbringungsrecht, das die Krankenhauseinweisung psychisch Kranker gegen deren Willen regelt, dient nicht vorrangig dem Zweck, die notwendige *Behandlung* psychisch kranker Menschen durchzusetzen. Es schützt vielmehr ihre Freiheitsrechte oder greift in diese ein, wenn sie wegen ihrer psychischen Störung vitale Interessen anderer beeinträchtigen.

In der Alltagspraxis haben Richter zunehmend die Tendenz, die Möglichkeiten der Behandlung gegen den Willen, die das Gesetz einräumt, außerordentlich eng zu interpretieren, wenn die Entscheidung über freiheitsentziehende Maßnahmen ansteht. Sie werden dabei von der Rechtsprechung des Bundesverfassungsgerichts gedeckt. Die Psychiatrie kann diese Abkehr der Rechtspraxis von der Verwahrpsychiatrie im Prinzip nur begrüßen. Das niedersächsische Psychische-Krankengesetz (Nds. PsychKG) z.B. nennt im §12 als Voraussetzungen der Unterbringung:

- die dringende Gefahr, »daß sich der Betroffene infolge einer Krankheit, Störung oder Behinderung ... schwerwiegenden gesundheitlichen Schaden zufügt, oder
- das durch die Krankheit, Störung oder Behinderung bedingte Verhalten des Betroffenen aus anderen Gründen eine unmittelbare Gefahr für die öffentliche Sicherheit oder Ordnung darstellt, und die Gefahr auf andere Weise nicht abgewendet werden kann.«

Die Erfahrung zeigt, daß eine Unterbringung fast nie zu erreichen ist, wenn die Klinikeinweisung gegen den Willen aufgrund der ersten im Gesetz genannten Unterbringungsvoraussetzungen beantragt wird. Die dringende Gefahr, daß sich die Betroffenen infolge ihrer Krankheit schwerwiegenden gesundheitlichen Schaden zufügen, wird von Ärzten und Juristen offenbar sehr unterschiedlich beurteilt. Für Richter und beigeordnete Anwälte wird diese gleichgesetzt mit unmittelbar drohendem Tod oder der schweren

Körperverletzung, nicht aber mit der sicheren Verschlimmerung der Erkrankung. Die erkennbare Suizidalität ist eine solche dringende Gefahr. Aber diese wird durch die im zweiten Absatz genannten Unterbringungsvoraussetzungen – der Gefahr für die öffentliche Sicherheit und Ordnung – abgedeckt.

In der Schweiz ist diese Tendenz nicht ganz so ausgeprägt. Hier erfolgt ein beträchtlicher Teil der psychiatrischen Klinikeinweisungen wegen Behandlungsbedürftigkeit. Aber die Entwicklung geht in die gleiche Richtung wie in Deutschland, und das Recht zu behandeln, ist damit keineswegs geregelt, wenn die Kranken sich dagegen wehren.

Keine Verständigung zwischen Ärzten und Juristen

Ein Beispiel aus unserem jetzigen Alltag zeigt, wie schwer es manchmal ist, eine Verständigung zwischen Therapeuten und Juristen herbeizuführen.

In einem Schreiben unserer Klinik an den Präsidenten der Psychiatrischen Kommission heißt es im Zusammenhang mit einer Kranken, deren Entlassung gerade angeordnet worden ist:

»Durch den Verzicht auf die Behandlung der aktuellen manischen Phase sehen wir dieses der Patientin sehr wichtige Ziel (ihre neugeborene Tochter zu sich zu nehmen) schwer in Frage gestellt. Es liegt im Wesen der Erkrankung, daß die Patientin zum jetzigen Zeitpunkt die Tragweite ihrer Handlungen nicht einschätzen kann. Seit ihrem Austritt erscheint die Patientin täglich in der Klinik, verhält sich angetrieben, distanzlos, zieht mit anderen Patienten im Areal umher, wirkt insgesamt unordentlich. Aus unserer Sicht läßt sich eine neue Hospitalisation kaum vermeiden, da wir befürchten, daß die Patientin sonst in eine persönliche und soziale Katastrophe läuft.

Wir denken, daß die Patientin das Recht gehabt hätte, durch eine Behandlung auf der geschlossenen Station vor den Folgen ihrer Handlungen bewahrt zu werden.«

Der behandelnde Arzt befürwortet also eine Behandlung gegen den Willen der Patientin, die tatsächlich wenige Tage später erneut zur Aufnahme kommt. Er geht noch weiter, indem er ein Recht der Patientin postuliert, »durch die Behandlung auf der geschlossenen Station vor den Folgen« ihrer Krankheit bewahrt zu werden.

Die Antwort des Präsidenten, eines Juristen, ist bezeichnend: »An Ihrer Bemerkung kann ich mir eine Kritik nicht verkneifen, die Ihnen wohl kleinlich vorkommen mag: Von »Recht auf Behandlung« spricht man sowohl im juristischen wie im allgemeinen Sprachgebrauch, wenn es sich um einen Anspruch handelt, über den der Patient verfügen kann. Ist das nicht der Fall, heißt das zutreffende Wort »Zwang«. Für Sie sind die beiden Begriffe offenbar austauschbar, für mich nicht...«

Wir meinen, daß der Jurist es sich ein wenig zu einfach macht, wenn er unterstellt, daß für uns Psychiater die Begriffe »Zwang« und »Hilfe« austauschbar seien. Wir meinen, daß man es sich generell zu einfach macht, wenn man als Rechtsanspruch nur denjenigen gelten läßt, den ein Mensch, gleichgültig ob er bei Verstand ist oder nicht, als solchen auch formulieren kann.

Daß die Verständigung zwischen Behandelnden und Juristen in dieser Kontroverse ausbleibt, hat gute Gründe. Ärzte sehen den einzelnen hilfebedürftigen Kranken, der in sein Unglück rennt. Juristen sehen das allgemeine und gleiche Recht für alle. Es gibt kein Sonderrecht für psychisch Kranke oder geistig Behinderte. Gerade die Rechtsgleichheit ist eine besondere Errungenschaft des modernen Verfassungsstaates. Allerdings, und hier liegt das Dilemma, orientiert sich das Recht am »normalen« Menschen. Der seelisch Kranke ist im bürgerlichen wie im Strafrecht eigentlich nicht vorgesehen. Weil es ihn aber dennoch gibt, bestehen für ihn Ausnahmeregelungen in den §§ 20 und 21 StGB und im Vormundschafts- und Pflegeschaftsrecht bzw. jetzt im Betreuungsrecht. Aber es gibt keine Sonderregelung für die *Grundrechte* psychisch Kranker.

Uns scheint es auch relativ logisch zu sein, daß Schwierigkeiten bestehen müssen zwischen Juristen und Therapeuten, zu einer einheitlichen Grundauffassung darüber zu kommen, was denn nun angebracht, was notwendig, was zwingend und unausweichlich ist. Das Unterbringungsrecht ist ein Bastard zwischen traditionellem Polizeirecht und modernem Fürsorgerecht. Es läßt die Stellung des psychisch Kranken als Rechtsperson unberührt. Der psychisch Kranke wird durch die Unterbringung in seiner Freiheit eingeschränkt, aber in sonst nichts. Der Begriff der Urteilsfähigkeit kommt im Unterbringungsrecht nicht vor. Rechtlich muß er deshalb auch im Zustand der akuten Psychose, in dem seine Urteil*sun*fähigkeit wegen psychischer Krankheit evident ist, als handlungs- und entscheidungsfähig gelten. Daraus läßt sich auch ableiten, daß er nach der Einweisung das Recht haben muß, die Behandlung zu verweigern.

Auf diese Weise geraten psychisch Kranke, ihre Angehörigen und ihre Therapeuten in eine Falle zwischen den allgemeinen Rechtsnormen und den Ausnahmeparagraphen: Ist jemand entmündigt, gilt das allgemeine Recht für ihn so nicht. Er kann behandelt werden wie ein Kind. Er kann auch gegen seinen Willen in psychiatrische Behandlung gebracht werden: er ist ja nicht mündig. Ist er aber nicht entmündigt, dann greift bei psychischer Krankheit das Unterbringungsrecht, dessen alte polizeirechtlichen Merkmale ganz im Vordergrund stehen. Es greift, wenn eine dringliche, sonst nicht abwendbare Gefahr besteht. Aber es greift, trotz gegenteiliger Formulierung im Gesetz, nur ausnahmsweise zur Abwendung eines gesundheitlichen Schadens. Es ist sogar fraglich, ob diese Formulierung in manchen Landesunterbringungsgesetzen verfassungsrechtlich trägt. Denn nirgendwo ist ausformuliert, daß das moderne Unterbringungsrecht eigentlich Maßnahmen im Zusammenhang mit einer durch psychische Krankheit bedingten vorübergehenden Geschäftsunfähigkeit regelt. Das hat man stillschweigend unterstellt. Aber weil es nicht evident ist, greift in der Regel nur der Sicherheits- und Ordnungsgesichtspunkt.

Deswegen hat es auch seine Logik, daß in den Unterbringungsgesetzen zwar die Unterbringung, die Zwangseinweisung, die Zwangsunterbringung geregelt ist, aber regelmäßig nicht das Recht der Therapeuten, mit Zwang dann auch zu behandeln. Die Rechtslage wird in der Regel von Psychiatern so interpretiert, daß eine Zwangseinweisung auch eine Zwangsbehandlung zur Folge haben darf. Aber das ist unter Juristen außerordentlich umstritten. Es gibt inzwischen auch ein Urteil des Bayrischen Oberlandesgerichts aus dem vergangenen Jahr (1991), das ausdrücklich verneint, daß dieser Zusammenhang hergestellt, diese logische Schlußfolgerung gezogen werden darf. Wir haben dieses Urteil im Eingangskapitel ausführlich zitiert.

In den Vereinigten Staaten hat es in der Tat lange rechtliche Auseinandersetzungen gegeben, mit der Folge, daß inzwischen in den meisten Staaten das Recht der Patienten, die Behandlung zu verweigern, unabhängig vom Unterbringungsgesetz geregelt worden ist. Das zeigt aber, auf welchem schwankenden Boden wir uns hier zumindest juristisch bewegen. Wir sind in unserer Literaturübersicht im zweiten Kapitel darauf eingegangen.

Spätestens zu diesem Zeitpunkt gehen die Therapeuten regelmäßig auf die Barrikaden und sagen, »wenn das so ist, wenn jemand nur zur Verwahrung eingewiesen werden kann, dann kann man ihn genausogut ins Gefängnis schicken« und »das Psychiatrische Krankenhaus ist kein Konzentrationslager« und »die Verwahranstalt haben wir gerade überwunden«. Das ist alles richtig, trotzdem ist das so einfach auch wieder nicht. Denn Grundrechte gelten auch für psychisch Kranke – das Recht der Unversehrtheit des eigenen Körpers, das Recht auf freie Beweglichkeit, das Recht auf Unantastbarkeit der menschlichen Würde. Dies sind Rechte, die nicht ohne weiteres außer Kraft gesetzt werden können. In der Schweiz nennt man diese »höchstpersönliche Rechte«, die auch nicht durch einfache Gesetze aufzuheben sind. Hier kommt man mit den Instrumenten, die uns gegenwärtig zur Verfügung stehen, in eine Falle. Diese hat allerdings nicht nur eine juristische Basis.

Die Meinung, daß die Psychiatrie nicht das Recht hat, Menschen gegen ihren Willen zu helfen, ist auch in der Öffentlichkeit weit verbreitet, und sie hat die Grundrechte auf ihrer Seite. Niemand würde auf die Idee kommen, jemand, der eine innere Erkrankung hat oder der einer Operation bedürfte, gegen seinen Willen in ein Krankenhaus zu bringen und ihn dann gar noch gegen seinen Willen zu operieren oder an irgendwelche medizinische Apparate anzuschließen. Es gibt sehr viele Patienten, die behandlungsbedürftig wären, und die gegen jeden Sinn und Verstand und gegen jede Logik die Kooperation, die Zusammenarbeit mit dem Arzt verweigern. Es kann einfach nicht so sein, daß die psychisch Kranken allein deswegen, weil sie uneinsichtig sind, und die Uneinsichtigkeit automatisch mit ihrer Krankheit erklärt wird, anders behandelt werden als körperlich Kranke. Psychisch Kranke können sehr wohl aus anderen Gründen uneinsichtig sein als deswegen, weil sie depressiv sind, oder weil sie schizophrene Symptome haben.

Zweifel an der Psychiatrie

Es gibt weitere Gründe, die die Kritik der aufgeklärten Öffentlichkeit gegenüber der Psychiatrie stützen. Die Auffassung ist weitverbreitet – auch in den Feuilletons seriöser Zeitungen –, daß es psychische Krankheiten eigentlich gar nicht gebe, daß psychische Krankheit eine Erfindung der Psychiater sei. Es gebe zwar möglicherweise Störungen, die es für Menschen schwieriger mache, zurecht zu kommen; aber dies sei nun ein weites Feld; und es sei eine Anmaßung der Ärzte, insbesondere der Psychiater, diese Situation »Krankheit« zu nennen. Wenn man dieser Auffassung entgegenwirkt und es gelingt, seine Kontrahenten in einer Diskussion zu überzeugen, daß es nicht nur Alkoholdelirien gibt, die körperlich begründet sind, sondern auch psychische Störungen von hohem Ausmaß, die wie Krankheiten zu behandeln sind, dann hat man immer noch nicht gewonnen.

Das zweite Argument, das uns entgegengehalten wird, ist: Es mag ja schon sein, aber das hilft dir überhaupt nicht, denn du, Psychiater, kannst psychische Krankheiten nicht erkennen. Du kannst psychisch Kranke nicht von psychisch Gesunden unterscheiden, zumindest nicht zuverlässig. Dann werden einem die Beispiele des amerikanischen Sozialpsychologen David Rosenhan (1973) entgegengehalten, der Anfang der siebziger Jahre Psychologiestudenten sich hat in psychiatrische Krankenhäuser einschmuggeln lassen, indem sie Symptome gespielt haben. Sie alle haben die Aufnahme ins psychiatrische Krankenhaus geschafft. Aber zum Teil hatten sie erhebliche Schwierigkeiten, wieder herauszukommen.

Uwe Heitkamp (1987), ein deutscher Journalist, hat vor einigen Jahren ähnliches getrieben und damit einige Klinikleitungen zur Weißglut gebracht, insbesondere mit Fernsehberichten und dem Buch, das er darüber geschrieben hat. Selbst wenn es uns gelingt, uns mit dieser Frage auseinanderzusetzen und uns auf DSM-III-R (Diagnostisch-Statistisches Manual der Amerikanischen Gesellschaft für Psychiatrie) und auf ICD-10 (Manual der Weltgesundheitsorganisation zur Klassifikation der Erkrankungen) oder ähnliche Klassifikationen, die es inzwischen gibt, zu einigen, also ein Instrument, mit dem sozusagen ein Konsensus »aller Guten« zu erzeugen ist über das, was wir unter psychischer Krankheit verstehen, nützt uns das immer noch nicht viel.

Als nächstes kommt das Argument: Wenn man die Krankheit erkannt habe, dann nütze dies überhaupt nichts, denn man könne ja nicht helfen. Hilfen gebe es allenfalls auf dem Wege über die Psychotherapie – und inzwischen nicht einmal mehr das, nachdem Jeffrey MASSON (1991) »die Abschaffung der Psychotherapie« mit Nachdruck fordert. Aber das, was die allgemeine Psychiatrie, die »böse Psychiatrie« mache, sei im Grunde Ruhigstellung, Strafe, Zwang, Folter. In der Auseinandersetzung mit der Psychiatrie fehlen nie die Abbildungen von brutalen Behandlungsmethoden der Psychiatrie aus der Vergangenheit.

Wir wollen nicht behaupten, daß in der Psychiatrie alles in Ordnung ist. Im Gegenteil, vieles könnte sehr viel besser geregelt sein. Es gibt überflüssigen Zwang. Es gibt zu viel Brutalität; und es gibt nicht nur in Provinzkrankenhäusern, wie uns dies kürzlich in Berlin vorgehalten wurde, sondern auch in renommierten Institutionen, Willkür gegenüber Patienten bei miserablem Standard der Behandlung.

Aber das allein kann nicht das Kriterium sein. Unbestrittene Tatsache ist, daß sich in der Psychiatrie in den letzten Jahrzehnten einiges getan hat, und daß wirksame Hilfe geleistet werden kann. Die Frage, wie die Psychiatrie aussieht, ist natürlich auch mit ein Kriterium dafür, ob man jemandem Hilfe aufzwingen darf. Wenn, wie in den fünfziger Jahren in England und in den siebziger Jahren bei uns, die Träger der psychiatrischen Institutionen selbst sagen, »lieber gar keine psychiatrische Behandlung als solche Behandlung«, dann müssen natürlich die Maßstäbe dafür, daß man jemandem etwas aufzwingt, zu dem man nicht selbst steht, ganz andere sein als zu einem Zeitpunkt, wo qualifizierte Therapie geleistet werden kann. Es ist dann immer noch sehr schwierig zu sagen, welche Kriterien es für Zwangsmedikationen geben kann. Wir wollen es trotzdem versuchen.

Und dennoch ...

Wenn wir die Würde des psychisch kranken Menschen garantieren wollen, müssen wir auch den Freiheitsentzug wegen psychischer Krankheit und die Behandlung gegen den Willen der Betroffenen handhaben.

Wenn wir versuchen wollen, Regeln aufzustellen – wie die Weltgesundheitsorganisation das in Übereinstimmung mit der Europäischen Menschenrechtskommission versucht hat –, dann gelten folgende formale Voraussetzungen:

- Eine psychische Krankheit muß sicher vorliegen.
- Die Krankheit muß behandlungsbedürftig sein, und es müssen Chancen bestehen, sie erfolgreich zu behandeln.
- Wegen der psychischen Krankheit und nur deswegen muß die Urteilsfähigkeit des Kranken aufgehoben oder zumindest stark eingeschränkt sein.

Erst aus dem Vorliegen aller dieser drei Voraussetzungen erwächst das Recht der Gesellschaft, Hilfe an psychisch Kranke notfalls auch gegen deren Willen heranzutragen. Daraus erwächst zunächst noch nicht das Recht, dann auch eine Behandlung über die Krankenhausunterbringung hinaus zu erzwingen. Das bedarf weiterer Regeln und Abklärungen. Wichtig ist, daß der zweite Schritt – die Erzwingung von Behandlung, nachdem schon die Unterbringung erzwungen worden ist – geregelt und juristisch abgesichert ist.

Appelbaum (1988), einer der amerikanischen Psychiater, die sich um die Erforschung der Bedingungen der Zwangsmedikation verdient gemacht haben, unterscheidet zwischen patientenrechtsorientierten und therapieorientierten rechtlichen Regelungen. Bei den ersten liegt die Entscheidungsfindung schwergewichtig bei unabhängigen Juristen. Bei letzteren haben therapeutische Interessen ein größeres Gewicht. Beide schützen die Kranken vor Willkür; und das ist unseres Erachtens der entscheidende Gesichtspunkt.

Wenn die formalen und inhaltlichen Voraussetzungen erfüllt sind – wenn eine schwere psychische Krankheit vorliegt, die mit Aussicht auf Erfolg behandelbar ist und die die Urteilsfähigkeit des Betroffenen aufhebt oder schwer beeinträchtigt, dann gibt es u.E. nicht nur das Recht der Gesellschaft, eine solche Behandlung zu erzwingen. Dann meinen wir, daß die psychisch Kranken selbst ein Recht darauf haben, daß sie diese Hilfe auch bekommen. Wenn wir sie ihnen vorenthalten, und sei es auch im Namen der Freiheit, ist das nicht nur ein Angriff auf die Würde der Kranken. Es ist schlichte Barbarei.

Vorkehrungen zur Verhütung von Zwangsmaßnahmen

Der Behandlung gegen den Willen von Kranken hat der Versuch vorauszugehen, eine solche tunlichst zu vermeiden. Im individuellen Umgang mit den Kranken gehört dazu, daß man sich auf sie einstellt. Immer wieder haben die von uns befragten Patientinnen und Patienten darüber geklagt, daß man ihnen nicht zugehört, ihnen keine Zeit gelassen, sie nicht in Ruhe gelassen habe, kurz daß man nicht auf sie eingegangen sei. Die Tatsache, daß die Zwangsmedikation bei mehr als zwei Drittel der in der prospektiven Studie Untersuchten am Aufnahmetag oder am Tag danach erfolgte, gibt zu denken. Es fragt sich, ob durch größere Geduld nicht manche Zwangsmaßnahme zu vermeiden wäre. Dagegen steht allerdings die Überzeugung einer Reihe der von uns befragten Therapeutinnen und Therapeuten, ein zu langes Zuwarten sei für das Ausmaß mancher Zwangsmaßnahmen mitverantwortlich. Andererseits wissen wir aufgrund unseres Untersuchungsansatzes nicht, ob dies überhaupt stimmt und in wievielen Fällen das Ausmaß von angewendetem Zwang auf diese Weise vermindert worden wäre.

Neben der individuellen Vorbeugung sind institutionelle Vorkehrungen zur Verhütung von Zwangsmaßnahmen nicht zu vergessen. Die Stiftung Pro Mente Sana, deren Stellungnahme zur Zwangsbehandlung in der Psychiatrie wir im Eingangskapitel auszugsweise abgedruckt haben, hat folgende Vorschläge zur Vorbeugung von Zwangsmaßnahmen gemacht (1991):

»1. *Lücken im sozialpsychiatrischen Netz sollen ergänzt und das Betreuungsangebot soll konsequent auf die Bedürfnisse der BenutzerInnen ausgerichtet werden. Die Notwendigkeit freiheitsbeschränkender Maßnahmen infolge einer psychischen Erkrankung läßt sich dadurch reduzieren.*

2. *Eine Konzentration von psychisch schwer leidenden Patienten und Patientinnen auf engstem Raum (Aufnahmestation) sollte vermieden werden. Kleine, intensiv betreute Stationen mit Rückzugsmöglichkeiten ermöglichen es den Patienten/innen, zur Ruhe zu kommen. Die Realisierung der notwendigen baulichen Veränderungen sowie die Anstellung von zusätzlichem Personal dürfen nicht an finanziellen Hindernissen scheitern.*

3. *Ein angstfreies Klima auf den Abteilungen trägt dazu bei, Situationen zu vermeiden, die zur Anwendung von Gewalt führen. Voraussetzungen dafür sind eine ausreichende Zahl von gut ausgebildeten Mitarbeitern/innen sowie adäquate Arbeitsbedingungen und genügender Handlungsspielraum des Pflegepersonals, das den Alltag mit den Patienten/innen verbringt. Es soll auf eine möglichst hohe Betreuungskonstanz geachtet werden.*
4. *In den Behandlungsteams soll dauernd nach patientenbezogenen Konfliktlösungen gesucht werden. Eine externe Supervision unterstützt diesen Prozeß.*
5. *Kann eine Psychiatrieschwester oder ein -pfleger die Mitwirkung bei einer Zwangsbehandlung mit ihren/seinen ethischen und rechtlichen Vorstellungen nicht vereinbaren, so soll das Behandlungsteam sie/ihn davon dispensieren können.*
6. *Der Erforschung von gewaltfreien Konfliktlösungen, der kontinuierlichen Begleitforschung zur Klärung dysfunktionaler Anteile in der Psychiatrieversorgung sowie der laufenden Evaluierung der getroffenen Maßnahmen soll ein hoher Stellenwert eingeräumt werden. Die Ergebnisse solcher Forschung sollen regelmäßig der Öffentlichkeit präsentiert werden und in die Ausbildung des Fachpersonals einfließen.«*

Wir können uns diesen Vorschlägen nur anschließen. Insbesondere ist es erstaunlich, wie wenig Aufmerksamkeit hochspezialisierte psychiatrische Kliniken, die Sonderangebote für alle möglichen Gruppen von Kranken machen, der Aufnahmesituation widmen. Das gilt in besonderem Maße für die Gestaltung der Aufnahme jener Kranken, die am häufigsten von Zwangsmaßnahmen betroffen sind – den Schizophreniekranken. Jedermann weiß, daß freundliche, individuelle Betreuung, Ruhe und die Möglichkeit zum Rückzug gerade für diese Kranken von größter Bedeutung sind. Dennoch sind es diese Kranken, die in typischer Weise den Weg in die Klinik über die geschlossene, »unruhige« Aufnahmeabteilung finden. Hier ist Abhilfe geboten.

Es besteht juristischer und vor allem ärztlich-ethischer Klärungsbedarf zur Frage der Zwangsmedikationen. Grundlage für beides ist jedoch das Wissen über das Problem des Zwanges gegenüber psychisch Kranken. Wir haben mit unserer Studie versucht, einen Mosaikstein zu diesem Wissen hinzuzufügen.

Literaturverzeichnis

APPELBAUM, P.S.: Refusing Treatment. Hospital and Community Psychiatry 34,1983, S. 11–12.

APPELBAUM, P.S.: The cautious advance on the right to treatment, Law and Psychiatry 33, 1982, S. 895–896.

APPELBAUM, P.S., GUTHEIL, T.G.: Rotting with their rights on: constitutional theory and clinical reality in drug refusal by psychiatric patients. Bull. Am. Acad. Psychiatriy Law 7, 1979, S. 308–317.

APPELBAUM, P.S., GUTHEIL, T.G.: Drug refusal: a study of psychiatric inpatients. Am. J. Psychiatry 137, 1980, S. 340–346.

APPELBAUM, P.S., JACKSON, A.H., SHADER, R.I.:Psychiatrists' Responses to violence: Pharmacologic Management of Psychiatric Inpatients. Am. J. Psychiatry 140, 1983, S. 301–304.

APPELBAUM, P.S., HOGE, S.K.: The right to refuse treatment: what the research reveals in the right to refuse treatment. Washington DC: American Bar Association 1986.

APPELBAUM, P.S.: The Right to Refuse Treatment with Antipsychotic Medications: Retrospect and Prospect. Am. J. Psychiatry 145, 1988, S. 413–19.

ARMBRUSTER, J., OBERT, K.: Hilfe-Kontrolle und Gewalt in der sozialpsychiatrischen Versorgung. Sozialpsychiatrische Informationen 4, 1990, S. 26–29.

BASAGLIA, F.: Die negierte Institution oder Die Gemeinschaft der Ausgeschlossenen. Ein Experiment der psychiatrischen Klinik in Görz (es, 655). Frankfurt: Suhrkamp–Verlag 1973.

BAUMGARTEN, E.: Patient autonomy and the refusal of psychotropic medications. Prog. Clin. Biol. Res. 139,1983, S. 13–30.

BECK, A.: Häufigkeit von Zwangsmedikation in der Psychiatrischen Universitätsklinik Basel. Dissertation Basel 1992.

BINDER, R.L., MCNIEL, D.E., FISHMAN, P.S.: Attitude Change Concerning Right to Refuse Treatment: The impact of experience. Am. J. Psychiatry 1985, 142 (11), 1362–65.

BLOOM, J.D., FAULKNER, L.R., HOLM, V.M., RAWLINSON, R.A.: An empirical view of patients exercising their right to refuse treatment. Int. J. Law and Psychiatry 1984, 7 (3–4), 315–28.

BRAHAMS, D.: Treatment of uncooperative psychiatric patients in the community: Mental Health Act in need of reform. Lancet 1986, Apr 12, 1 (8485), 863–4.

BROOKS, D.A.: The right to refuse antipsychotic medications: law and policy. Rutgers law review 1, 1986, S. 339–376.

BRUNS, G.: Zwangseinweisungspatienten – eine psychiatrische Risikogruppe. Nervenarzt 62, 1991 A. 308–312.

BULL, H.P.: Datennutzung und Datenschutz in der gesetzlichen Krankenversicherung. Deutsches Ärzteblatt 21, 1979, S. 114.

Bundesverfassungsgericht: 2BvR 1194/80.

CAHN, C.H.: The ethics of Involuntary Treatment. The position of the Canadian Psychiatric Association. Can. J. Psychiatry 27, 1982, S. 67–74.

CHAPELSKY, D.: Introduction: the right to refuse psychotropic medications. Prog. Clin. Biol. Res. 139, 1983, S. 7–9.

CICCONE, J.R., TOKOLI, J.F., CLEMENTS, C.-D., GIFT, T.E.: Right to refuse treatment: impact of Rivers v. Katz. Bull. Am. Acad. Psychiatry Law 18, 1990, S. 203–215.

COURNOS, F., MCKINNON, K., STANLEY, B.: Outcome of Involuntary Medication in a State Hospital System. Am. J. Psychiatry 148, 1991, S. 489–494.

COURNOS, F.: Involuntary Medication and the Case of Joyce. Brown Hospital and Community Psychiatry 40, 1989, S. 736–740.

COURNOS, F., MCKINNON, K., ADAMS, C.: A Comparison of Clinical and Judicial Procedures for Reviewing Requests for Involuntary Medication in New York. Hospital and Community Psychiatry 39, 1988, S. 851–855.

DABROWSKI, S., FRYDMAN, L., ZAKOWSKA-DABROWSKA, T.: Physical Restraint in Polish Psychiatric Facilities. Int. J. Law and Psychiatry 8, 1986, S. 369–382.

DELAND, F.H., BORENSTEIN, N.M.: Medicine court, II: Rivers in practice. Am. J. Psychiatry 147, 1990, S. 38–43.

Draft Report of the Working Group on Principals and Guarantees for the Protection of Mentally-ill Persons and for the Improvement of Mental Health Care 2, Feb. 1990.

DITTMANN, V.: Zwangsunterbringung und Zwangsbehandlung in einer psychiatrischen Universitätsklinik. Erfahrung und Ergebnisse von Fallanalysen. Schleswig-Holsteinisches Ärzteblatt 4, 1988, S. 232–236.

DIX, G.E.: Realism and Drug refusal: a reply to Appelbaum and Gutheil. Bull. Am. Acad. Psychiatry Law 9, 1981, S. 180–198.

ERNST, K.: Anwendung von Gewalt und Zwang durch die psychiatrische Klinik. Praktische Klinikpsychiatrie, Berlin, Heidelberg: Springer Verlag 1988, S. 206-213.

ERNST, K., ERNST, C.: Die Psychiatrie braucht keine Sonderethik. Tagesanzeiger vom 20.07.1990, S.2.

ERNST, K.: Behandlung gegen den Willen des Patienten: Spielraum und Nutzen der Psychiatriegesetze. Schweizerische Ärztezeitung 72, 1991, S. 1559–1562.

FARNSWORTH, M.G.: The impact of judicial review of patients'refusal to accept antipsychotic medications at the Minnesota Security Hospital. Bull. Am. Acad. Psychiatry Law 19, 1991, S. 33–42.

FEATHER, R.B.: The institutionalized mental health patient's right to refuse psychotropic medication. Perspect Psychiatry Care, 23, 1985, S. 45–68.

FINZEN, A.: Zwischen Hilfe und Gewalt. Ein unausweichliches Dilemma der Psychiatrie. Fundamenta Psychiatrica 2, 1988, S. 8–12.

FINZEN, A.: Wie Schizophrene die Behandlung erleben. FAZ vom 13.03.1991, Nr.61/S.N1.

FINZEN, A.: Psychiatrie zwischen Hilfe und Gewalt. Sozialpsychiatrische Informationen 4, 1990, S. 29–33.

FINZEN, A.: Zwischen Hilfe und Gewalt. Fürsorgerischer Freiheitsentzug und Patientenrechte. Neue Zürcher Zeitung 24./.25.3.91.

GALLANT, D.M., IRWIN, M.: The right to refuse psychotropic medications: Prog. Clin. Biol. Res. 1983, Vol:139, 31–38.

GASSMANN, J.: Das Tessiner Psychiatriegesetz – Modell für eine gesetzliche Regelung der Zwangsbehandlung? Pro Mente Sana (PMS) 3, 1989, S. 13–14.

GELLER, J.L.: Rights, wrongs, and the dilemma of coerced community treatment. Am. J. Psychiatry 143, 1986, S. 1259–1264.

GELLER, J.: Drug Noncompliance. Hospital and Community Psychiatry 40, 1989, S. 191.

GILGEN, R.: Einweisung in die Heilanstalt. Zürcher Verfahren rechtswidrig. Neue Zürcher Zeitung 14.7.1989.

GOFFMAN, E.: Das psychiatrische Krankenhaus als »totale Institution«, Asyle. Frankfurt: Suhrkamp Verlag 1972.

GOVE, W.R. FAIN, T.: A Comparison of Voluntary and Commited Psychiatric Patients. Arch. Gen. Psychiatry 34, 1977, S. 669–76.

GROSS, J.: Selbstbestimmung und Zwang in der Psychiatrie. Pro Mente Sana (PMS) 3, 1989, S. 13–14.

GROSS, J.: Die persönliche Freiheit des Patienten. Bern: Verlag Stämpfli & Cie AG 1977, S. 166–180.

GUTHEIL, T.G.: Rogers v Commissioner: denotement of an important right-to-refuse-treatment case. Am. J. Psychiatry 142, 1985, S.213–216.

HARGREAVES, W.A., SHUMWAY, M., KNUTSEN, E.J., WEINSTEIN, A., GENTER, N.: Effects of the Jamison-Farabee consent decree: due process protection for involuntary psychiatric patients treated with psychoactive medication. Am. J. Psychiatry 144, 1987, S. 188–192.

HEIM, E.: Die psychiatrische Hospitalisation als ethischer Konflikt. NZZ vom 24./25.02.1990, Nr.46, S.25.

HEITKAMP, U.: Wahnsinn. Meine Reise durch die Psychiatrie der Republik. Darmstadt, Neuwied: Luchterhand Verlag 1987.

HELL, D.: Zwang – die Achillesferse der Psychiatrie. Pro Mente Sana (PMS) 3, 1989, S. 6–8.

HERRMANN, D.H.: Autonomy, self determination, the right of involuntarily commited persons to refuse treatment, and the use of substituted judgment in medication decisions involving incompetent persons. Int. J. Law and Psychiatry 13,1990, S. 361–385.

HERRMANN, G.: Besser den Kranken so zu nehmen wie er eben ist. Weltwoche 48, 1990, S. 33

HOGE, S.K., APPELBAUM, P.S., LAWLOR, T., BECK, J.C., LITMAN, R., GREER, A., GUTHEIL, T.G., KAPLAN, E.: A Prospective, Multicenter Study of Patients' Refusal of Antipsychotic Medication. Arch. Gen. Psychiatry 47, 1990, S. 949–956.

International Classification of Diseases. In deutscher Übersetzung: Internationale Klassifikation der Krankheiten der Weltgesundheitsorganisation, 9. Revision. Daraus: Diagnosenschlüssel und Glossar psychiatrischer Krankheiten. Berlin, Heidelberg, New York: Springer 1980.

International Classification of Diseases. In deutscher Übersetzung: Weltgesundheitsorganisation. Internationale Klassifikation psychischer Störungen, 10. Revision. Bern, Göttingen, Toronto: Huber 1991.

Isohanni, M., Nieminen, P., Moring, J., Pylkkänen, K., Spalding, M.: The dilemma of civil rights v. the right to treatment: questionable involuntary admissions to a mental hospital. Acta Psychiatr. Scand. 33, 1991, S. 256–261.

Kane, J.M., Quitkin, F., Rifkin, A., Wegner, J., Rosenberg, G., Borenstein, M.: Attitudinal Changes of Involuntarily Committed Patients Following Treatment. Arch. Gen. Psychiatry 40, 1983, S. 374–377.

Keisling, R.: Characteristics and outcome of patients who refuse medication. Hospital and Community Psychiatry 34, 1983, S. 847–848.

Kirchgraber, D.: Zur Frage der Zwangsmaßnahmen in der Psychiatrie Pro Mente Sana (PMS) 3, 1989, S. 15–20.

Lehmann, P.: Der Chemische Knebel. Warum Psychiater Neuroleptika verabreichen. Berlin: Antipsychiatrieverlag 1986.

Levin, S., Brekke, J.S., Thomas, P.: A controlled comparison of involuntarily hospitalised medication refusers and acceptors. Bull. Am. Acad. Psychiatry Law 19, 1991, S. 161–171.

Lüthy, D.: Häufigkeit von Zwangsmedikation in der Psychiatrischen Universitätsklinik Basel. Dissertation Basel 1992.

Mahler, H., Co, B.T.Jr.: Who are the »commited«? Update J. Nerv. Ment. Dis. 172, 1984, S. 189–196.

Marder, S.R., Swann, E., Winslade, W.J., Van-putten, T., Chien, C.P., Wilkins, J.N.: A study of medication refusal by involuntary psychiatric patients. Hospital and Community Psychiatry 35, 1984, S. 724–726.

Marder, S.R., Mebane, A., Chien, C.P., Winslade, W.J., Swann, E., Van-putten, T.: A comparison of patients who refuse and consent to neuroleptic treatment. Am. J. Psychiatry 140, 1983, S. 470–472.

Martensson, L.: Sollen Neuroleptika verboten werden? Pro Mente Sana (PMS) 3, 1988, S. 3–14.

Masson, J.M.: Die Abschaffung der Psychotherapie. München: Bertelsmann Verlag 1991.

Mazenauer, B.: Psychiatriegesetze – untaugliche Mittel gegen Zwangsbehandlungen, Pro Mente Sana (PMS) 3,1989, S. 22–24.

Mills, M.J.: The rights of involuntary patients to refuse pharmacotherapy: what is reasonable? Bull. Am. Acad. Psychiatry 8, 1980, S. 313–334.

Mills, M.J., Yesavage, J.A., Gutheil, T.G.: Continuing case law development in the right to refuse treatment. Am. J. Psychiatry 140, 1983, S. 715–719.

Morrison, D.: Le droit de refus de traitement chez le patient involontaire: considerations medico-legales. Can. J. Psychiatry 39, 1985, S. 60–63.

Müller, M.: Erinnerungen. Berlin, Heidelberg: Springer Verlag 1982.

Obiols, J.: Antipsychiatrie. Das neue Verständnis psychischer Krankheit. Hamburg: Rowohlt Taschenbuchverlag 1978.

Pro Mente Sana. Stellungnahme zum Thema »Zwangsbehandlung in der Psychiatrie«. Freiestrasse 26, 8570 Weinfelden. 1991

Riedel, R.R., Seidl, H., Hoff, P., Kurtz, W., Günther, W., Laakmann, G.: Zwangsbehandlung gegen den Willen des Patienten in der Psychiatrie. Münch. med. Wschr. 134, 1992, 33–37.

Rippmann, P.: Krank, allein und bedrängt von Justiz und Medizin. Die Weltwoche Nr. 20, 16.05.1991, S.51.

Rockford, S.H.: More on the right to refuse treatment: Brother Fox and the mentally ill in New York. Law Med. Health Care 11, 1983, S. 19–21.

Rodenhauser, P., Heller, A.: Management of forensic psychiatry patients who refuse medication – two scenarios. J. Forensic Sci. 29, 1984 S. 237–244.

RODENHAUSER, P., SCHWENKNER, C.E., KHAMIS, H.J.: Factors related to drug treatment refusal in a forensic hospital. Hospital and Community Psychiatry 38, 1987, S. 631–637.

ROSENHAN, D.L.: On being sane in unsane places. Science 79, 1973, S. 250–256.

ROSENSON, M.K., KASTEN, A.M.: Another view of autonomy: arranging for consent in advance. Schizophr. Bull. 17, 1991, S. 1–7.

ROSENTHAL, B.: Zur Isolation psychisch Kranker. Eine Untersuchung über 100 Patientinnen und Patienten der Psychiatrischen Universitätsklinik Basel. Medizinische Dissertation Basel 1993

ROTH, H., APPELBAUM, P.S.: What we do and do not know about treatment refusals in mental institutions. Health administration Press 1982, S. 272–289.

RUCKSTUHL, U.: Einleitung zu SCULL, T.A.: Frühere Klinikentlassungen dank Psychopharmaka. Pro Mente Sana (PMS) 3/, 1988, S. 26.

RUFER, M.: Irrsinn Psychiatrie, Bern: Zytglogge 1989.

SCHMIED, K.: Isolierung und Injektion gegen den Willen des Kranken im Urteil von Patient und Pflegepersonal. Eine Dreimonatsstichprobe in einer psychiatrischen Klinik. Medizinische Dissertation, Zürich 1992.

SCHREIBER, H.L., WOLFSLAST, G.: Psychiatrie (3. Recht). In: ESER, A., VON LUTTEROTTI, M., SPORKEN, P. (Hg.): Lexikon Medizin, Ethik, Recht, Freiburg: Herder Verlag 1989, S. 847–853.

SCHWARTZ, S.J.: Equal protection in medication decisions: in formed consent, not just the right to refuse. In: RAPOPORT, D., PARRY, J. (Hg.): The right to refuse antipsychotic medication. Washintgon DC: American Bar Association 1986.

Schweizerisches Zivilgesetzbuch vom 10. Dezember 1907. Stand am 1. Juli 1990. Bern: Eidgenössische Drucksachen und Materialzentrale 1990.

SEIDEL, R.: Der Einzelne und die Anderen. Psychiatrisches Handeln zwischen Selbstbestimmung und Zwang. Sozialpsychiatr. Informationen 4, 1990, S. 8–13.

SENSKY, T., HUGHES, T., HIRSCH, S.: Compulsory treatment in the community. I. A controlled study of compulsory community treatment with extended leave under the Mental Health Act: special characteristics of patients treated and impact of treatment. II. A controlled study of patients whom psychiatrists would recommed for compulsory treatment in the community. Br. J. Psychiatry 158, 1991, S. 792–804.

SHARPE, G.: Charter of Rights affects treatment of psychiatric patients. Dimens Health Serv. 63, 1986, S. 17–29.

SMITH, L.D.: Medication refusal and the rehospitalized mentally ill inmate. Hospital and Community Psychiatry 40, 1989, S. 491–496.

Spiegel, Der.: Pillen in der Psychiatrie – Der sanfte Mord. Spiegel 12, 1980, S. 98–124

SWARTZ, M.S.: What constitutes a psychiatric emergency: clinical and legal dimensions. Bull. Am. Acad. Psychiatry Law 15, 1987, S. 57–68.

SZMUKLER, G.I., BIRD, A.S., BUTTON, E.J.: Compulsory admissions in a London borough: I. Social and clinical features and a follow-up. Psychological Medicine 11, 1981,S. 617–636.

TANAY, E.: The right to refuse treatment and the abolition of involuntary hospitalization of the mentally ill. Bull. Am. Acad. Psychiatry Law 8, 1980, S. 1–14.

TANCREDI, L.R.: The right to refuse psychiatric treatment: some legal and ethical considerations. J. Health Politics, Policity Law 5, 1980, S. 514–522.

TOMELLERI, C.J., LAKSHMINARAYANAN, N., HERJANIC, M.: Who are the »commited«? J. Nerv. Ment. Dis. 165, 1977, S. 288–93.

TREFFERT, D.A.: The obviously ill patient in need of treatment: a fourth standard for civil commitment. Hospital and Community Psychiatry 36, 1985, S. 259–264.

VAN PUTTEN, T.: Why do schizophrenic patients refuse to take their drugs? Arch. Gen. Psychiatry 31, 1974, S. 67–72.

VAN PUTTEN, T., CRUMPTON, E., YALE, C.: Drug refusal in schizophrenia and the wish to be crazy. Arch. Gen. Psychiatry 33, 1976, S. 1443–1446.

VELIZ, J., JAMES, W.S.: Medicine court: Rogers in practice. Am. J. Psychiatry 144, 1987, S. 62–67.

Walti, H.: Isolierung und Zwangsinjektion in der Psychiatrischen Klinik, Dissertation, Zürich 1988.

Wehler, R.: Treatment refusal (letter). Hospital and Community Psychiatry 35, 1984, S. 1236.

Weinstock, R., Copelan, R., Bagheri, A.: Competence to give informed consent for medical procedures. Bull. Am. Acad. Psychiatry Law 12, 1984, S. 117–125.

Young, J.T, Bloom, J.D., Faulkner, L.R., Rogers, J.L., Pati, P.K.: Treatment refusal among forensic inpatients. Bull. Am. Acad. Psychiatry Law 15, 1987, S. 5–13.

Zehentbauer, J., Steck, W.: Chemie für die Seele. Gefahren und Alternativen. Königstein/Ts.: Athenäum 1986.

Zeiler, J.: Der Widerspenstigen Zähmung – Über Nutzen und Schaden der Behandlungsauflage. Z. Klin. Psychol. Psychopathol. Psychother. 34, 1986, S. 271–279.

Zito, J.M., Hendel, D.D., Mitchell, J.E., Routt, W.W.: Drug treatment refusal, diagnosis and length of hospitalization in involuntary psychiatric patients. Behav. Sci. Law 4, 1986, S. 327–337.

Zito, J.M., Routt, W.W., Mitchell, J.E., Roerig, J.L.: Clinical characteristics of hospitalized psychotic patients who refuse antipsychotic drug therapy. Am. J. Psychiatry 142, 1985, S. 822–826.

Zito, J.M., Haimowitz, S., Wanderling, J., Mehla, R.M.: One year under Rivers: drug refusal in a New York State psychiatric facility. Int.J. Law Psychiatry 12, 1989, S. 295–306.

Zito, J.M., Craig, T.J., Wanderling, J.: New York under the Rivers decision: an epidemiologic study of drug treatment refusal. Am. J. Psychiatry 148, 1991, S. 904–909.

Zurbuchen, T., Basler, P. :»Raus aus der Psychi« – mit neuem Gesetz. Basler Zeitung vom 03.07.1991.

Anhang

Protokoll über Medikation gegen den Willen (Zwangsmedikation) und/oder Isolierung

Name/Vorname: Alter:

Zeit: Datum: Abt.:

Status: ❍ strafrechtliche Maßnahme ❍ FFE ❍ freiwillig*

❍ Zwangsmedikation durch
- ❍ Ankündigung von empfindlichen Nachteilen (Sperrung von Ausgang oder Urlaub)
- ❍ Ankündigung von Zwang oder Isolierung** bei Medikamentenverweigerung
- ❍ Anwendung von körperlicher Gewalt**

Medikamente: ____________________

____

Applikationsart: ____________________

❍ Isolierung Dauer (von/bis) __________

Durchsuchung (Sichtkontrolle) Visum: __________

Begründung und Beschreibung der Durchführung, Bemerkungen: ____________________

____

____

Anordnender Arzt (Visum): ____________________

Verantw. Oberarzt (Visum): ____________________

Das Original gehört in die Krankengeschichte
1 Kopie z.Hd. Leiter Pflegedienst
1 Kopie z.Hd. stellvertretender ärztlicher Leiter

* nur zulässig, wenn FFE-Voraussetzungen eingetreten sind
** Der anordnende Arzt muß anwesend sein

Querschnitts - Fragebogen

zur Erfassung der Häufigkeit von Zwangsmedikation in der PUK

(Zutreffendes bitte ankreuzen)
Diese Umfrage wird **anonym** durchgeführt.

Eintrittsdatum: Geburtsjahr : ________

Geschlecht: ❍ weiblich ❍ männlich

1. Zum wievielten Mal sind Sie in der PUK hospitalisiert?

   zum __________ Mal

2. Unter welchen Umständen sind Sie eingetreten?

   ❍ freiwillig mit ärztlicher Einweisung
   ❍ gegen Ihren Willen durch den Gerichtsarzt

3. Wurden Sie irgendwann einmal gegen Ihren ausdrücklichen Willen mit Medikamenten behandelt (Zwangsmedikation)?

   ❍ ja ❍ nein

4. Wenn ja, welche Konsequenzen wurden Ihnen bei der Verweigerung der Medikamenteneinnahme angedroht?

   ❍ nichts ❍ Ausgangssperre
   ❍ Isolation ❍ Zwangsspritze

5. Wie erhielten Sie das Medikament?

   ❍ als Tablette oder Flüssigkeit zum Schlucken
   ❍ als Spritze

6. Wieviele Personen (Pfleger und Ärzte) waren bei der Zwangsmedikation anwesend?

   ❍ eine ❍ zwei ❍ drei ❍ vier
   ❍ fünf ❍ sechs oder mehr

7. Wurden Sie während der Zwangsbehandlung festgehalten?

   ❍ ja ❍ nein

8. Wurden Sie zusätzlich isoliert?

❍ ja ❍ nein

9. Warum verweigerten Sie die Medikamenteneinnahme?

❍ ich fühlte mich nicht krank
❍ ich hatte Angst vor Nebenwirkungen
❍ das vorgeschlagene Medikament hatte früher nicht gewirkt
❍ ein anderes Medikament hätte ich eingenommen
❍ ich fühlte mich vom Arzt/Bezugsperson nicht verstanden
❍ andere Gründe

10. Hätte man die Zwangsmedikation vermeiden können?

❍ ja ❍ nein

11. Wie wäre sie vermeidbar gewesen?

❍ Gespräch mit dem Arzt
❍ Gespräch mit der Bezugsperson
❍ Gespräch mit Arzt und Angehörigen/Freunden
❍ Rückzugsmöglichkeit in ein Zimmer
❍ Entspannung unter Anleitung eines Therapeuten
❍ Spazierengehen oder andere körperliche Betätigung
❍ andere Gründe

12. Wie haben Sie die Zwangsmedikation erlebt?

❍ als schwerste Demütigung und Kränkung
❍ als Strafe ❍ als Erlösung ❍ anders

13. Wie ist rückblickend Ihre Einstellung zur Zwangsmedikation?

❍ war sinnlos
❍ war nötig
❍ war im Moment schrecklich, aber brachte Erleichterung
❍ war schlimmer als Isolation
❍ war weniger schlimm als Isolation

14. Nehmen Sie jetzt Medikamente ein?

❍ ja ❍ nein

Fragebogen

zur Häufigkeit von Zwangsmedikation in der PUK

Ärztin/Arzt

(bitte von Mitarbeiter/In ausfüllen)

Personalien
(Klebeettikette)

Datum:
Abt.:

Diagnose:

......-te Aufnahme

Neuroleptika: ja ❍
nein ❍

Die Anonymisierung der persönlichen Daten wird unmittelbar nach dem Eingang der Bögen bei den Untersuchern vorgenommen.

Vielen Dank für die Mitarbeit!

Fragebogen

zur Häufigkeit von Zwangsmedikation in der PUK

Entlassung

Datum:

Abt.:

Bitte bei Entlassung vom Patienten erfragen oder ausfüllen lassen.
Bitte kurz erklären, um was es geht!

1. Sind Sie während ihres jetzigen Aufenthaltes in der PUK irgendwann einmal gegen Ihren ausdrücklichen Willen mit Medikamenten behandelt worden?

   ❍ nein ❍ ja

   (wenn **nein**, weiter zu Frage 4)

2. Wenn ja, wie?

   ❍ durch Ankündigung oder Androhung von empfindlichen Nachteilen (Sperrung von Ausgang oder Urlaub)

   ❍ durch Ankündigung oder Androhung von Zwang oder Isolierung bei Medikamentenverweigerung

   ❍ durch Anwendung von körperlicher Gewalt

3. Womit?

   ❍ Tabletten / Tropfen ❍ Spritze

4. Sind Sie während eines **früheren** Aufenthaltes irgendwann einmal gegen Ihren ausdrücklichen Willen mit Medikamenten behandelt worden?

   ❍ nein ❍ ja

Vielen Dank für die Mitarbeit!

Halbstrukturierter Fragebogen

für das Interview mit dem Patienten/der Patientin nach Zwangsmedikation

1. Weshalb kam es zur Gabe von Medikamenten gegen Ihren Willen ?

   ____

   ____

   ____

2. Wie ist die Zwangsmedikation erfolgt?

   ____

3. Was halten Sie davon?

   ❍ war nötig ❍ war hilfreich
   ❍ war demütigend ❍ war eine Strafe
   ❍ anderes: ______________________________

4. Warum verweigerten Sie die Medikamenteneinnahme?

   ❍ ich fühlte mich nicht krank
   ❍ ich hatte Angst vor Nebenwirkungen
   ❍ das vorgeschlagene Medikament hatte früher nicht gewirkt
   ❍ ein anderes Medikament hätte ich eingenommen
   ❍ ich fühlte mich von Arzt/Bezugsperson nicht verstanden
   ❍ andere Gründe: __________________________

5. Wie wäre diese Situation vermeidbar gewesen?

   ____

   ____

   ____

   ____

Halbstrukturierter Fragebogen

für das Interview für den Arzt/Bezugsperson nach Zwangsmedikation

1. Diagnose: ____________________

2. Wie kam es zur Zwangsmedikation und wie ist diese erfolgt?

3. Wie fühlten Sie sich während der Zwangsmedikation?

4. Wie wäre diese Situation vermeidbar gewesen?